CRIMINALIDAD ORGANIZADA
ESTUDIOS INTERNACIONALES

JUAN JOSÉ MARTÍNEZ BOLAÑOS
COORDINADOR

CRIMINALIDAD ORGANIZADA
ESTUDIOS INTERNACIONALES

JUAN JOSÉ MARTÍNEZ BOLAÑOS
COORDINADOR

COLABORADORES

JOSÉ ARIEL RETANA CANTÚ
KARLA VILLARREAL SOTELO
UNIVERSIDAD AUTÓNOMA DE TAMAULIPAS
(México)

JOSEPH EMERSON CCAZA ZAPANA
UNIVERSIDAD NACIONAL DE SAN AGUSTÍN
(Perú)

PATRICIA ANDREA TAUS
UNIVERSIDAD DE BUENOS AIRES
(Argentina)

WAEL HIKAL
SOCIEDAD MEXICANA DE CRIMINOLOGÍA CAPÍTULO NUEVO LEÓN
(México)

DOTTORE ROBERTO MUSOTTO
UNIVERSITÀ DEGLI STUDI DI PALERMO
(Italia)

IRAEL ESTRADA CAMACHO
PROCURADURÍA GENERAL DE LA REPÚBLICA
(México)

JUAN ANTONIO CARRERAS ESPALLARDO
UNIVERSIDAD DE MURCIA
(España)

OSVALDO A. CUELLO VIDELA
UNIVERSIDAD DEL ACONCAGUA
(Argentina)

MANUEL ALEJANDRO VÁZQUEZ FLORES
UNIVERSIDAD NACIONAL AUTÓNOMA DE MÉXICO
(México)

GRUPO CRIMINOLOGÍA Y JUSTICIA

CRIMINOLOGÍA Y JUSTICIA EDITORIAL

Enero, 2014

Criminalidad organizada: Estudios Internacionales
Juan José Martínez Bolaños (coordinador)

Edición a cargo de:
GRUPO CRIMINOLOGÍA Y JUSTICIA

A través de:
CRIMINOLOGÍA Y JUSTICIA EDITORIAL

Ilustración de cubierta: Yolanda Rodríguez Ladrón
Revisión de estilo y redacción: Virginia Domingo

www.grup.crimyjust.com
dirección@crimyjust.com

MARTÍNEZ BOLAÑOS, Juan José (2014). *Criminalidad Organizada: Estudios Internacionales*. España: Criminología y Justicia Editorial.

*Terminar de coordinar este libro significa para mí un triunfo,
y como todos en mi vida, lo dedico a mi madre*
En memoria
EUSTACIA BOLAÑOS (1960-2013)

ÍNDICE

TÍTULOS

PRESENTACIÓN EDITORIAL

Uno de los grandes objetivos marcados por Criminología y Justicia en su origen ha sido siempre el de exponer la temática criminal desde una perspectiva que, sin renunciar a la labor de investigación académica, se acercara un poco más al ciudadano de a pie, y todo ello sin caer en el habitual discurso amarillista con el que se suelen debatir estos temas en los medios de comunicación masivos. Nuestro reto era entonces encontrar un camino intermedio: no cerrar el discurso para que solo pueda ser leído por unos pocos, pero tampoco superar las barreras del sensacionalismo que, si bien atraería mucho más impacto sobre nuestras publicaciones, no estaría acorde con unos principios sobre a los que creemos que debe ajustarse todo discurso relacionado con nuestra disciplina.

Nuestra prioridad es, ante todo, la exposición de una realidad social que sea capaz de remover la conciencia colectiva –o como mínimo la de nuestros lectores– en asuntos que merecen una especial atención. La denuncia y la búsqueda de soluciones a los problemas globales en torno a la criminalidad está constantemente presente en los artículos de nuestros colaboradores.

Esta obra refleja a la perfección todo lo que previamente he mencionado, ya que aporta con rigor bibliográfico pero de manera clara y accesible a todos los lectores, diferentes perspectivas en torno a un ámbito que, por desgracia, vive buenos tiempos: la criminalidad organizada.

Sin duda la revolución de las telecomunicaciones ha traído muchos aspectos positivos, pero está facilitando a la vez que las organizaciones, lícitas o ilícitas, puedan desarrollarse con la misma facilidad, así como la distribución de su mercancía, sea del tipo que sea. Ni siquiera el espionaje obsesivo con el que están buscando controlar la red desde diferentes países está teniendo los efectos persuasivos esperados.

Como muestra, un ejemplo de la bonanza económica de la delincuencia organizada lo podemos encontrar en el caso de *Silk Road*, conocido por ser el mayor mercado negro online. Este portal, lanzado en febrero de 2011, contaba con más de 10.000 productos a la venta a fecha de marzo de 2013, de los cuales un 70% eran drogas consideradas como ilegales en la mayoría de jurisdicciones; 340 variedades de drogas fueron vendidas, entre las cuales se encuentra la heroína, el *LSD* y el *cannabis*. El hecho de que la moneda usada por antonomasia en el portal, el *Bitcoin*, permita un grado de anonimato mayor al habitual en las transacciones entre compradores y vendedores, ha llevado a que este mercado online haya tenido un éxito inédito hasta la fecha, calculándose que desde su lanzamiento hasta julio de 2013 se han llevado a cabo transacciones por un montante total de aproximadamente 1.200 millones de dólares.

La buena noticia de este caso es que el pasado dos de octubre de 2013 el supuesto administrador del sitio fue arrestado por el FBI. Si bien *Silk Road* salió nuevamente al mercado en su versión 2.0 tan solo un mes después, el FBI pudo debilitar nuevamente este portal deteniendo a varios de los nuevos administradores del sitio el pasado mes de diciembre. Como dice Enrique DANS "El cierre de *Silk Road* no significa el cierre de la *dark web*, del mismo modo que una redada de narcotraficantes no significa que se detenga el tráfico mundial de drogas".

Es de esperar que aparezcan nuevas réplicas que sigan facilitando el mercado negro en la red, y es a la vez menester conocer los nuevos métodos para prevenir y encontrar el mejor modo de debilitar a la delincuencia organizada.

Esta obra, la tercera que publicamos en este 2014 ya con Grupo Criminología y Justicia consolidado, está coordinada por Juan José MARTÍNEZ BOLAÑOS y cuenta con las aportaciones de autores procedentes de Italia, Perú, México, Argentina y España, la mayoría de ellos por cierto colaboradores habituales en *Criminología y Justicia España* y *Criminología y Justicia México*. México es el país con más presencia dentro de esta obra, algo lógico desde el momento en que la criminalidad organizada a través del narcotráfico es si cabe, el problema más grave que tienen que afrontar actualmente, con efectos devastadores a nivel humano y de muy compleja resolución a corto plazo.

Esperamos, finalmente, que este libro ayude a que el lector pueda adentrarse y conocer mejor el tejido sobre el que es capaz de constituirse las organizaciones criminales de este tipo, y que sobre todo, no deje indiferente ante una problemática que si bien afecta a unos más que a otros, debe abordarse como un problema global para el que los gobernantes debieran adoptar acuerdos conjuntos urgentes de cooperación internacional y política criminal.

JOSE MANUEL SERVERA
Director general de Grupo Criminología y Justicia
España, enero de 2014

PRESENTACIÓN DE CONTENIDO

La "Criminología moderna" enfrenta retos de diferentes naturalezas. En el plano académico sigue el debate que pone en tela de juicio el adjetivo de ciencia para la Criminología. La investigación científica y la difusión de la misma no se han consolidado a la par de otras ciencias. Los índices de revistas científicas siguen considerando a la Criminología dentro de las disciplinas jurídicas, y rechazan integrar a las revistas criminológicas "puras" por increpar y cuestionar sus resultados como "poco científicos".

En el campo laboral, Iberoamérica comparte el desolador panorama para el criminólogo. Mientras en España la economía embate a todo sector profesional –más aún al criminólogo– en México la inseguridad y la violencia –principalmente la asociada con la criminalidad organizada– merman el "poco" avance que este profesional ha logrado en los puestos laborales públicos y privados.

Precisamente uno de los mayores retos de la Criminología es el estudio, prevención y tratamiento de la criminalidad organizada. Las sociedades del mundo se ven amenazadas por este tipo de criminalidad que además es transnacional. Los países enfrentan, cada quien en su contexto, las consecuencias que la delincuencia organizada ha provocado en su economía, salud pública, seguridad o medio ambiente, etcétera.

La presente obra se trata de un trabajo colectivo que tiene precisamente como tema central: la criminalidad organizada. El libro reúne a investigadores de diferentes países como México, Perú, Argentina, España e Italia. El contenido se divide en siete títulos que escriben nueve investigadores. Estos escritores abordan el Tema Central desde diferentes perspectivas y contextos, lo que enriquece el análisis comparativo y general.

Desde la Universidad Autónoma de Tamaulipas, acompaño a la Dra. Karla VILLARREAL SOTELO y al Mtro. Jose Ariel RETANA CANTÚ en la coautoría del primer título: *Criminalidad organizada, violencia y juventud en México*. Parte de esta investigación se presentó el pasado mes de octubre en el Congreso Internacional de Criminología 2013 en México, D.F. A lo largo de este primer tema se recopila información histórica y de actualidad para tratar el tema de los jóvenes y la manera en que estos han sido afectados por el crimen y la violencia en América Latina, especialmente en México.

El Mtro. Joseph Emerson CCAZA ZAPANA (Perú) escribe: *Narcoterrorismo y criminalidad organizada: Nuevas formas de simbiosis entre el terrorismo local y el narcotráfico en territorio peruano*. En este trabajo observamos el uso del terror y la violencia como mecanismos disuasivos y de supervivencia por parte del crimen organizado.

Desde la Universidad de Buenos Aires (Argentina) la investigadora Patricia Andrea TAUS analiza el tema: *Criminalidad organizada y tráfico humano en Argentina*. La trata de personas es considerada un crimen internacional de lesa humanidad que atenta contra los derechos humanos fundamentales de las víctimas y afecta a la sociedad en general. En su título, TAUS enfatiza sobre esta modalidad de delincuencia organizada.

Desde la trinchera de la Sociedad Mexicana de Criminología capítulo Nuevo León, el Dr. Wael HIKAL aporta su ensayo titulado: *La investigación y prevención de la criminalidad organizada*. El autor recopila apuntes de notables académicos y hace un análisis del contexto actual de las políticas públicas sobre este tema en México.

Dottore Roberto MUSOTTO (Italia) en su estudio: *Criminalidad organizada, Estado y servicios públicos: Un análisis socioeconómico*, explica cómo la criminalidad organizada gana y toma posesión de competencias del Estado porque se enfrenta con grupos que no tienen su misma organización.

Desde las bases de la Procuraduría General de la República (México) el biólogo Israel ESTRADA CAMACHO expone la afectación que la naturaleza padece a causa de los negocios ilegales que la criminalidad organizada lleva acabo lucrando con la flora y la fauna en México. El trabajo que el autor nos presenta se titula: *Los recursos naturales un vehículo para las prácticas de la criminalidad organizada*.

Juan Antonio CARRERA ESPALLARDO (España) contextualiza el Tema Central en su país. El trabajo del autor abarca desde exposiciones conceptuales, pasando por análisis de estadísticas, hasta el conocimiento jurídico en la materia.

Osvaldo A. CUELLO VIDELA (Argentina) en su trabajo titulado: *Razones y fundamentos para el estudio regional y temporal de la delincuencia organizada. Caso: El secuestro extorsivo*, pone de manifiesto la importancia del análisis comparativo entre naciones en temas de seguridad, principalmente cuando se trata de los perfiles de grupos criminales organizados.

Para finalizar Manuel Alejandro VÁZQUEZ FLORES, de la Universidad Nacional Autónoma de México, hace una revisión de los instrumentos jurídicos sobre la delincuencia organizada a nivel internacional y en especial de México. Esta última entrega se titula *Marco Jurídico sobre la delincuencia organizada en México*.

El presente libro: *Criminalidad Organizada. Estudios Internacionales*, representa un esfuerzo por entender el tema desde una perspectiva transnacional y multidisciplinaria. El lector encontrará en este trabajo herramientas para explicar el tema y dar pie a mayor investigación sobre este tipo de criminalidad.

Aún cuando el discurso del "criminólogo critico" versa en el pesimismo –cómo lo expuse en la primera parte de este apartado–, el actuar de este profesional no debe ser en el mismo sentido. Hoy más que nunca la Criminología debe buscar –sobre las demás ciencias sociales– el empoderamiento académico en el estudio de la conducta antisocial. En el presente libro la mayoría de los colaboradores son criminólogos de grado, y se edita bajo el sello de Grupo Criminología y Justicia, colectivo fundado y presidido por Jose Manuel SERVERA, de quien hay que decirlo, es un criminólogo español crítico de las salidas laborales para su profesión en su país (catalogado de pesimista por algunos). Sin embargo, tanto el actuar de SERVERA como el de los demás miembros del Grupo, es pujante y entusiasta. Deja constancia de lo anterior la publicación de esta obra literaria a si como la de otros títulos criminológicos anteriormente.

Espero el contenido de esta obra sea de provecho para quien lo tenga en sus manos o lo lea de manera digital.

JUAN JOSÉ MARTÍNEZ BOLAÑOS
Coordinador
México, diciembre de 2013

I

DELINCUENCIA ORGANIZADA, VIOLENCIA Y JUVENTUD EN MÉXICO

JUAN JOSÉ MARTÍNEZ BOLAÑOS[1] KARLA VILLARREAL SOTELO[2],
JOSÉ ARIEL RETANA CANTÚ[3]
MÉXICO

I. INTRODUCCIÓN

El mundo entero vive actualmente las graves consecuencias sociales que ha causado la delincuencia organizada. Cuando la criminalidad común evoluciona a tal grado de contar con estructuras administrativas de alta eficiencia, y un poder económico de tales magnitudes como para poder solventar una guerra y lograr repeler la fuerza del Estado, sino que además, agredir y dañar a este mismo, es entonces dice BRUCCET (2001) que se habla de delincuencia organizada. El costo social de esta criminalidad trasnacional ha sido muy alto, especialmente de aquella que tiene que ver con el tráfico ilegal de drogas.

Según el informe la Oficina de las Naciones Unidas contra la Droga y el Delito [UNODOC] (2012) se calcula que unos 230 millones de personas, o el 5% de la población adulta del mundo han consumido alguna droga ilícita por lo menos en una ocasión. Los consumidores problemáticos de drogas suman 27 millones, o el 0,6% de la población adulta mundial. La heroína, la cocaína y otras drogas se cobran la vida de aproximadamente dos millones de personas cada año. Además, la

---

[1] Grupo Criminología y Justicia y Universidad Autónoma de Tamaulipas.

[2] Universidad Autónoma de Tamaulipas.

[3] Universidad Autónoma de Tamaulipas.

violencia relacionada con el consumo de drogas siembra devastación en las familias y causan sufrimiento a miles de otras personas. Las drogas ilícitas socavan el desarrollo económico y social; fomentan la delincuencia, la inestabilidad, la inseguridad y la propagación de enfermedades graves como el Virus de Inmunodeficiencia Humana (VIH).

En México la delincuencia organizada tiene en jaque a las autoridades. La violencia generada por este rubro, ha costado la "sangre" (en el conteo más optimista de todos: el oficial) de por lo menos 47 mil víctimas mortales (Procuraduría General de la República [PGR], 2012). El consumo de drogas se ha incrementado, la tortura, las desapariciones forzadas y el desplazamiento masivo de personas. La violencia genera miedo en la sociedad, a su vez, el miedo genera silencio y hace sumiso al pueblo, lo que propicia la impunidad. La cifra negra en México, según datos del Instituto Nacional de Estadística y Geografía [INEGI] (2012) asciende al 91,6 %.

La delincuencia organizada durante el sexenio 2006-2012, trastornó gran parte de los ejes de nuestra sociedad, principalmente a la juventud mexicana. El perfil de los asesinados en México corresponde a hombres jóvenes entre 20 y 29 años de edad (RAMÍREZ, 2011). Los jóvenes de México son víctimas y se convierten en victimarios. Los grupos criminales se proveen de refuerzos humanos con Adolescentes sacados de los barrios pobres, en donde las pandillas juveniles son antesalas de reclutamiento criminal.

El presente trabajo tiene como objetivo ofrecer un análisis sobre los temas de delincuencia organizada, violencia y juventud en México. Se busca conocer los antecedentes internacionales y nacionales, así como exponer la actualidad de los temas en México.

En el primer capítulo de este trabajo, se estudian los antecedentes de este tipo de criminalidad en las sociedades del mundo desde varias décadas atrás: la Mafia Siciliana en Italia, el narcotráfico colombiano y los inicios de los cárteles mexicanos. En el segundo capítulo se aborda el tema de la actualidad de la delincuencia organizada en México, y el panorama de la violencia asociada con esta. Por último, en el tercer apartado, se expone el tema de la juventud ante el fenómeno de la delincuencia organizada.

II. APUNTE METODOLÓGICO

El presente trabajo de investigación es de diseño documental, retrospectivo, explicativo y con enfoque cualitativo.

El objetivo general del presente trabajo, es la compilación de información bibliográfica especializada en los temas de: delincuencia organizada, violencia y juventud en México.

Como objetivos específicos se busca conocer los antecedentes internacionales y nacionales de los temas estudiados, así como la actualidad de ellos en México. Posteriormente, estructurar la información de una manera sistematizada y lógica. Y Por último, realizar el análisis de la información y llegar a una conclusión general.

Para cumplir los objetivos, se realizó la investigación en diferentes fuentes bibliográficas, entre las que se encuentran: libros de edición nacional e internacional, artículos de revistas científicas, informes electrónicos estadísticos emitidos por organizaciones gubernamentales y no gubernamentales, nacionales e internacionales; información contenida en páginas web y artículos de diarios electrónicos tanto mexicanos como extranjeros.

Por último, se realizó el diseño del informe final, abordando los temas desde un método deductivo (de lo general a lo específico) y redactando una conclusión general.

III. DESARROLLO Y ANÁLISIS DE INFORMACIÓN
1. Delincuencia organizada (antecedentes)
1.1. La Mafia Siciliana

Los precedentes más importantes cuando se habla de la delincuencia organizada, tienen lugar en Italia con la Mafia Siciliana. Sicilia es una región de la Italia insular, que ocupa la cuarta isla europea por dimensiones.

El término *mafia* es hoy uno más de los vocablos como: *pizza, espagueti, ópera* y *casino* que el italiano ha dado a muchas otras lenguas de todo el mundo. Se aplica normalmente a criminales de ámbitos geográficos totalmente alejados de Sicilia y de Estados Unidos, que son los lugares donde está establecida la Mafia en sentido estricto (DICKIE, 2006).

La Mafia se perfeccionó durante el rápido crecimiento de la industria de los cítricos en Sicilia, Italia. En 1876 el cultivo de cítricos (limón y naranja) superaba en más de sesenta veces el rendimiento medio por hectárea del resto de la isla. Las plantaciones de cítricos del siglo XIX eran negocios modernos que exigían un elevado nivel de inversión inicial. Había que limpiar el terreno de piedras y hacer bancales, construir almacenes y carreteras, cavar canales de regadío e instalar compuertas, e incluso, una vez que se habían plantado ya los árboles, hacían falta unos ocho años para que estos empezaran a dar frutos. Además de exigir una fuerte inversión en el cultivo, el negocio exigía levantar muros de protección para proteger los cultivos tanto del viento como de los ladrones. El vandalismo, ya sea contra los árboles o contra sus frutos, constituye un riesgo constante. Fue esta combinación de vulnerabilidad y elevados beneficios la que creó el entorno perfecto para los negocios de protección de la Mafia (*ibídem*).

En ese contexto se iniciaba la historia de la Mafia y también, como dijo GAMBETTA (1992) *cit. pos.* DICKIE (2006) se configuraba como las primeras nociones de la industria de la protección privada.

La Mafia Siciliana nació en una generalizada situación de desconfianza e inseguridad que caracterizaría desde hace más de un siglo a Sicilia. El principal papel desempeñado por los grupos mafiosos sería el de protectores y garantes, es decir, la Mafia proporcionaba la garantía necesaria en ramos como el del comercio y las transacciones, en la que el comprador de una casa por temor de ser engañado, deja entrever que es protegido por un mafioso (KRAUTHAUSEN, 1994).

Palermo, Italia, era el centro de los mercados mayoristas y de consumo, además de contar con el principal puerto marítimo de aquella región. Era allí donde se compraban, vendían y alquilaban gran parte de las tierras de cultivo de la provincia circundante. Asimismo, Palermo establecía la agenda política. Es decir, la Mafia no nació pues, de la pobreza y la desolación, sino del poder y la riqueza (DICKIE, 2006).

El curso que toma la Mafia Italiana más adelante, se torna con características criminosas; utilizan la violencia como herramienta de actividades. Como bien menciona DICKIE (2006: 14) al referirse a la Mafia Siciliana: "[…] busca el poder y el dinero cultivando el arte de matar gente y salir impune, y organizándose de una forma única que combina los atributos de un Estado paralelo, un negocio ilegal y una sociedad secreta […]" así también, FALCONE y PADOVANI (2006: 22) describe la violencia que caracterizaba a La Cosa Nostra: "[…] es una organización que cuenta con un inagotable arsenal de herramientas […] La Cosa Nostra sigue la evolución de de los tiempos en sus técnicas asesinas y utiliza armas cada vez más sofisticadas".

Dentro de la historia de la Mafia Siciliana se da el surgimiento de organizaciones y personajes criminales de gran relevancia como: La Camorra, Michael CORLEONE, Giovanni BRUSCA y el juez FALCONE[4], entre otros.

---

[4] Giovanni FALCONE fue un juez de las cortes penales de los Estados Unidos. Fue clave para el encarcelamiento de gran parte de los mafiosos en aquella época. Es asesinado en un atentado por la Cosa Nostra. (*vid*) GAMBETTA (1992) y FALCONE y PADOVANI (2006).

1.2. El narcotráfico colombiano

Colombia, país de paradojas, es uno de los mayores productores de esmeraldas en el mundo, y sin embargo recibe divisas por su exportación, que apenas superan los US$2 millones anuales.

En la Costa Atlántica en 1972, empezó a trascender a la prensa regional, la historia de unos señores costeños medio exóticos, que hacían pública ostentación de grandes capitales, según explicaban ellos mismos, provenían de la venta de una yerba que para la idiosincrasia colombiana, sólo se fumaba en el festival de Woodstock:[5] la marihuana. De esta manera daba inicio uno de los fenómenos de criminalidad organizada más grande e importante de todos los tiempos; el narcotráfico colombiano (CASTILLO, 2001).

El cártel de Medellín, fue el nombre dado a la organización delictiva dedicada al tráfico de cocaína. Sus miembros principales fueron Gonzalo RODRÍGUEZ GACHA, Pablo ESCOBAR, los Hermanos OCHOA (Fabio, Jorge Luis y Juan David), Carlos LEHDER y otros de menor importancia.

El nombre de "cártel" se le dio por el esquema de operación en el cual los distintos empresarios compartían recursos tales como rutas, pero manejaban separadamente sus negocios. Recibe el nombre de la ciudad de Medellín, en la cual tuvieron su principal base de operaciones, siendo los OCHOA oriundos de la región.

Pablo ESCOBAR y RODRÍGUEZ GACHA, participaron en otras actividades delictivas entre las que se destacan los grupos Muerte a Secuestradores (MAS) y los "Extraditables". Se destacan los enfrentamientos armados que este grupo sostuvo en 1980 contra el denominado cártel de Cali.

El MAS fue un grupo paramilitar creado a principios de 1980 en represalia por el secuestro de una hermana de los OCHOA, llevado a cabo por el grupo guerrillero "M-19" (Archivos Periodísticos de Pablo ESCOBAR, 2011).

El narcotráfico en Colombia es considerado un problema trasnacional y de gran importancia para los países de todo el continente de América. Colombia ha sido el principal exportador de cocaína. En un principio, el país importaba la materia prima (hoja de coca y base de coca) después incursionó en la marihuana y la heroína (ROCHA, 2000). A Colombia el narcotráfico le ha costado 30 años de guerra y más de

---

[5] Festival de rock organizado en La Estrella, Antioquia, municipio próximo a Medellín (Colombia) en la década de los 70. Principal encuentro del movimiento hippie en ese país (*passim*).

300 mil muertos (VILLALOBOS, 2012).

1.3. Los inicios de la delincuencia organizada en México

La producción de drogas en México y su tráfico hacia los Estados Unidos inicio desde las décadas del siglo XX. En aquellas épocas, México no penalizaba esta actividad, sino hasta 1916 que se promulgó la primera prohibición de traficar con productos opiáceos. La anterior reforma fue motivada debido a la corriente internacional y la influencia de Estados Unidos, quien comenzaba una campaña en contra del consumo de drogas (FLORES, 2011).

Los Estados Unidos habían pronosticado de manera correcta el crecimiento del consumo de drogas entre su población, sin embargo, no fue así de efectivo con sus políticas de prevención. A finales de los años sesenta, el consumo de drogas se había incrementado notablemente entre los jóvenes de clase media de los Estados Unidos. El consumo se inicio entre las tropas estadounidenses en la guerra de Vietnam. En aquellos años México se convirtió en un proveedor importante de marihuana y goma de opio para el mercado estadounidense (*ibídem*).

El estado de Sinaloa (México) se ha convertido en un caso paradigmático en el estudio de la historia del tráfico de drogas en México. Articulado desde finales del siglo XIX a la economía de California y Arizona en los Estados Unidos, el opio producido en ese Estado siguió la misma ruta como ciertos productos agrícolas que se exportaban a través del ferrocarril del Pacífico. Los inmigrantes chinos, productores y comerciantes locales en su mayoría, aunque no exclusivamente desde las montañas de Badiraguato (una división municipal del estado de Sinaloa) transportaban sus mercancías a las ciudades fronterizas de Nogales, Mexicali y Tijuana (LAZCANO, 1992).

La expansión del narcotráfico en México en parte se debió al crecimiento de la demanda de los Estados Unidos, y después a que la "Operación Cóndor"[6] obligó a las organizaciones que originalmente operaban en el estado de Sinaloa a distribuirse a otros lugares del país.

La relación con el narcotráfico colombiano fue clave, pues en un principio los narcotraficantes colombianos y mexicanos llegaron a un acuerdo para abastecer de droga a Estados Unidos, los primeros cederían el 30% del producto que se pasaba por México para

---

[6] Campaña permanente de la SEDENA contra el narcotráfico, efectuada de enero de 1977 a enero de 1987 en la región conocida como "Triángulo Dorado" donde se unen los estados de Sinaloa, Chihuahua y Durango (*passim*).

comercializarse de manera independiente. Después el porcentaje aumento al 50%, con lo que las organizaciones mexicanas tomaron auge.

Si bien las organizaciones ilícitas de tráfico de drogas existieron desde décadas atrás en México, no fue sino hasta <u>1990</u> cuando cobraron importancia debido al cese de operaciones de los cárteles <u>colombianos</u> de <u>Cali</u> y <u>Medellín</u> (COOK, 2007). Es en esa misma década cuando el gobierno mexicano comienza a usar de manera creciente a las Fuerzas Armadas para apoyar operativos de captura de narcotraficantes, lo que significó un cambio cualitativo frente a su uso tradicional en labores de erradicación de drogas como lo fue la "Operación Cóndor" (CHABAT, 2010). En el 2006 se intensifican las acciones del gobierno de México; el Poder Ejecutivo Federal inició el Operativo Conjunto Michoacán. Se desplegaron 4 mil 200 elementos de la Secretaría de la Defensa Nacional (SEDENA), mil elementos de la Secretaría de Marina (SEMAR), mil 400 policías de la Secretaría de Seguridad Pública Federal (SSP) y 50 agentes del Ministerio Público Federal (MPF).[7]

2. La actualidad de la delincuencia organizada en México

Los cárteles mexicanos dominan actualmente la totalidad del mercado de las drogas en Estados Unidos (COOK, 2007).

Según la consultora estadounidense de seguridad Stratfort (2012a) en México los principales cárteles de la droga que operan son siete: La Federación de Sinaloa, Los Zetas, Cartel de Juárez, Cártel del Pacífico Sur, Cártel del Golfo, Los Caballeros Templarios y El Cártel de Jalisco. También existen aproximadamente una veintena de bandas locales. Tradicionalmente los cárteles mexicanos siempre han estado involucrados en el contrabando de marihuana, sin embargo, estas organizaciones han diversificado sus actividades ilícitas en los últimos años. Reportes de Stratfort (2012b) indican que hora incursionan en la fabricación de *metanfetaminas, heroína* de *alquitrán negro* y tráfico de medicamentos con receta como la *oxicodona*. Según la fuente citada, el mercado de la cocaína en Estados Unidos ha disminuido ligeramente en los últimos años, pero no así otras actividades lucrativas ilegales tales como: el secuestro, la extorsión, el tráfico de personas, el robo de carga, tráfico de estupefacientes, robo de petróleo y la piratería de *CD* y

---

[7] En Michoacán se registraban 539 ejecuciones ligadas a la delincuencia organizada en 2006. La SEDENA destino 29 aeronaves, 17 aeronaves de ala fija y 19 binomios canófilos, 246 vehículos terrestres para que se concentraran de manera especial en 131 bases de operación, con efectivos de 30 elementos cada una, y se establecieron 24 puestos de control (CRÓNICA, 2006).

DVD.
El poder de las organizaciones se ha incrementado de manera notable. Lo anterior se puede constatar en la capacidad de fuego con que cuentan los grupos armados. Las luchas por el poder de los cárteles no son como antes, las organizaciones actuales participan en enfrentamientos con sus organizaciones rivales y el gobierno, utilizando artefactos de uso exclusivo del Ejército, como armas automáticas, granadas de mano y granadas propulsadas por cohetes (*ibídem*).

Para comprender las dimensiones del poder que las organizaciones criminales en México, hay que observar los datos que proporciona el Ejecutivo Federal en su Sexto Informe de Gobierno (2012). En este documento se presentan los resultados de las detenciones por delincuencia organizada en el país; se han registrado 190 mil 543 en lo que va del sexenio, y de estas, el 59.2 % fueron por delitos contra la salud. A demás, estudios recientes mencionan que la criminalidad organizada proporciona oportunidad "laboral" a diferentes especialidades como: pilotos, chóferes, profesionistas, etcétera. Según la fuente, este rubro genera ingresos por más de 30 millones de dólares al año e involucra directamente a casi medio millón de personas (SHIK, 2011).

Actualmente la delincuencia organizada en México se fortalece debido a causas multifactoriales. En este caso hacemos referencia a uno, y que a la vez, pareciera una paradoja: El narcotráfico genera ganancias millonarias y oferta miles de "empleos" ilícitos, y en contraste, el gobierno mexicano mantiene a 52 millones de personas viviendo en pobreza, es decir, más del 40% de su población total (Consejo Nacional de Evaluación de la Política de Desarrollo Social [CONEVAL], 2011). En México los pueblos que están hundidos en la pobreza son tierra fértil para el negocio de las drogas (en sentido literal y metafórico).

2.1. La violencia emanada de la delincuencia organizada

La delincuencia organizada tiene en jaque a las autoridades mexicanas. El gobierno federal (2006-2012), incursionó en acciones de combate a la criminalidad organizada, de las cuales se tenía poca o nula experiencia (ESTRADA y MARTÍNEZ, 2012). En consecuencia, los operativos que forman parte de la "guerra contra el narco" incrementaron la violencia. Lo anterior coincide con las observaciones que aparecen en el Informe de Human Rights Watch [HRW] (2012: 265-272) en el capítulo dedicado a México:

En México hay un incremento alarmante de la cantidad de homicidios [...] El gobierno del Presidente Felipe Calderón ha adoptado medidas para combatir la delincuencia organizada que han provocado un fuerte incremento del número de asesinatos, torturas y otros abusos por parte de miembros de las fuerzas de seguridad, y que sólo contribuyen a agravar el clima de caos y temor que predomina en muchas regiones del país.

Dentro del ranking de las 50 ciudades con mayor violencia homicida en el mundo, se encuentran 13 ciudades mexicanas como: Ciudad Juárez, Chihuahua, Mazatlán, Culiacán, Tepic, Durango, Torreón, Tijuana, Acapulco, Reynosa, Nuevo Laredo, Cuernavaca y Matamoros. Cabe mencionar que México es el país que más ciudades aporta a este ranking (Seguridad, Justicia y Paz *cit. pos.* COSTA, 2012).

En México hay quienes aseveran tajantemente un "guerra fallida" debido al fracaso de las estrategias optadas por el gobierno (AGUILAR y CASTAÑEDA, 2009).

La realidad es que la violencia generada por la delincuencia organizada ha costado más de 47 mil 515 muertes violentas en México. Lo anterior de acuerdo a las cifras que proporciona la PGR (2012) y que contemplan el período entre diciembre de 2006 a septiembre de 2011.

Sin embargo, se tiene que considerar lo complejo que se ha tornado la tarea de llevar un conteo confiable de las muertes ligadas a la delincuencia organizada en México. Por una parte, debido a que las estimaciones oficiales carecen de criterios claros para catalogar las muertes como de las generadas por la criminalidad organizada. A demás, no se considera la cifra de los desaparecidos. También se tiene que considerar la *cifra negra*, debido a que los últimos reportes realizados por el INEGI (2012) estiman que a nivel nacional, la *cifra negra* asciende a 91,6 % delitos cometidos en donde no hubo denuncia y por consecuencia no se integro una averiguación previa. En este contexto, se está de acuerdo que la cifra que reporta el gobierno, representa una parte y no la totalidad de los decesos.

Con el fin de conocer la cifra real de muertes adjudicadas a las ejecuciones, abatimientos en enfrentamientos entre grupos armados, o bien, contra la autoridad, asociaciones no gubernamentales y medios de comunicación llevaron a cabo un conteo propio de los homicidios referidos. Las cifras varían de acuerdo a la fuente consultada. A continuación se presentan algunas estimaciones recientes:

La organización México Evalúa reporta 101 mil 199 homicidios dolosos en el país durante el gobierno de Felipe CALDERÓN y la mitad de los asesinatos tuvo como causa la rivalidad entre los grupos de la delincuencia organizada, es decir 50 mil 599 víctimas mortales (RAMÍREZ, 2012).

El Movimiento por la Paz con Justicia y Dignidad (MPJD)[8], estima: 70 mil muertes del año 2006 a 2012.

Medios de comunicación tales como: periódico *Reforma* contabilizan: 44 mil 412, de diciembre 2006 a agosto 2012; la revista *Proceso*: 88 mil 361 decesos por esta causa de diciembre 2006 a marzo 2012; periódico *Milenio Diario*: 57 mil 449 muertes de diciembre 2006 a octubre de 2012 y el *Semanario Zeta*: 71 mil bajas humanas de enero 2007 a abril 2012.

La Comisión Nacional de Derechos Humanos (CNDH) tiene conocimiento de más de cinco mil casos de personas desapreciadas en el sexenio 2006-2012. Además, la CNDH reporta más de 150 mil ciudadanos desplazados por la violencia en México (SÁNCHEZ y PALACIOS, 2012).

La perdida de una vida por sí sola, representa un daño terrible no solamente a los familiares de la víctima, sino a toda la sociedad. La integridad y la vida de las persona son los bienes tutelados más importantes en nuestra Ley. Además, si llevamos el análisis más a fondo, y tomando como base los datos que ofrece la organización México Evalúa (2011) y (2012) nos damos cuenta de lo siguiente: la mayor parte de la Población Económicamente Activa (PEA) está representada por hombres (dos de cada tres personas que pertenecen a la PEA). Entre los años 1990 y 2009 casi 90 mil familias se quedaron sin el padre de familia debido a los homicidios dolosos de esos años, en consecuencia, vieron reducidas sus opciones de desarrollo. Sin el hombre que representaba la PEA y con menos, o nulos, ingresos, muchos niños vieron limitadas sus opciones educativas y de salud. Por lo tanto, de esas familias desamparadas surgieron jóvenes predispuestos a la violencia. Las causas de la violencia en niños y jóvenes son numerosas y multifactoriales, pero según el Fondo de las Naciones Unidas para la Infancia [UNICEF] (2012), entre todas ellas sobre salen: la pobreza, la desigualdad, la falta de servicios públicos adecuados y la falta de infraestructura comunitaria como escuelas y zonas recreativas. Circunstancias en las que se desarrollan los jóvenes mexicanos actualmente.

En los años 2007-2012, el perfil de las víctimas mortales en México sigue siendo el del varón joven, y de igual manera para la PEA.

---

[8] Organización no gubernamental de crítica y oposición a las políticas llevadas a cabo por el gobierno federal para atacar a la delincuencia organizada. Es iniciada desde enero de 2011 por el poeta mexicano Javier SICILIA (*passim*).

En consecuencia, el círculo de la violencia juvenil continúa y se agrava. La juventud se encuentra actualmente en condiciones muy desfavorables ante la delincuencia organizada y la violencia emanada de ella; el análisis de la actualidad de este fenómeno es el tema que se aborda en el siguiente capítulo de este trabajo.

3. La juventud ante la delincuencia organizada
3.1 El contexto internacional

La Organización Iberoamericana de la Juventud [OIJ] (2004), tradicionalmente ha concebido a la juventud como una fase de transición entre dos etapas: la niñez y la adultez. O bien, la etapa en la que el ser humano termina su estado de dependencia, para iniciar su proceso de formación de vida autónoma y en donde se conformará un criterio propio. La Organización de las Naciones Unidas [ONU] *cit. pos* OIJ (2004) define la juventud como el grupo de personas que se encuentran en el rango de edad de 15 a 24 años.

En un contexto histórico a nivel global, un ejemplo de la influencia que ha generado la delincuencia organizada en los jóvenes, lo encontramos en el narcotráfico colombiano. En 1989 los cultivos de amapola eran atendidos por un considerable número de jóvenes. Lo anterior se debía a que los hijos de los colonos, indígenas de la zona o emigrantes, se valían de la "oportunidad laboral" que el narco representaba (FERRO *et al.*, 2009).

En la actualidad, de acuerdo a un artículo que resume las conclusiones del coloquio internacional "La violencia que afecta a los jóvenes en América Latina", realizado en el Colegio de México (COLMEX), menciona los resultados de investigaciones llevadas a cabo por académicos de América Latina. Entre ellos se expone que Medellín (Colombia), es la segunda ciudad más habitada de ese país y que por su ubicación geográfica es un lugar estratégico para la circulación de mercados ilegales. En esa ciudad todas y todos los jóvenes reportan haber tenido alguna experiencia directa con la violencia ligada al narcotráfico y los grupos armados. Las jóvenes señalan que la violencia y el narcotráfico son "monstruos" de los que no pueden escapar; a la justicia la ven como corrupta y que sólo se aplica contra quienes no tienen recursos. Los policías son vistos como "corruptos e incapaces". En Cali (Colombia), la mayoría de las y los jóvenes están involucrados en pandillas, no tienen proyecto de vida, viven en pobreza e inequidad y en la cultura de la ilegalidad. En Brasil se indica que el 70% de ejecuciones en la urbe brasileña son de jóvenes, lo que habla del grado de vulnerabilidad en la que se encuentra este sector de la población (TORRES, 2012).

Los niños se unen a las bandas a edades muy tempranas. Estudios como el de PINHEIRO (2006) han encontrado que la edad promedio de ingreso es de 13 años, pero que actualmente se están vinculando a edades más tempranas; los niños encuentran en las bandas un sentido de identidad, pertenencia y protección, así como también recompensas económicas.

Según el grupo de trabajo latinoamericano del Diálogo Interamericano, los jóvenes de América Latina son un grupo especialmente vulnerable; la tasa de homicidios para niños, niñas y jóvenes es de 70 por cada 100 mil habitantes. A si también, la violencia juvenil y pandillerismo son la causa principal de la violencia en general de algunos países de esta región (COSTA, 2012).

3.1. La situación actual en México

El UNICEF en su informe sobre el Estado Mundial de la Infancia (2012) indica que en México viven 21 millones 669 mil adolescentes entre 10 y 19 años de edad. La situación de estos jóvenes ante la delincuencia organizada no es favorable. En este país se tiene una combinación de factores exógenos que propician un pronóstico desalentador para la juventud. Primero: consultando las encuestas del Instituto Mexicano de la Juventud (IMJ) y de la Secretaría del Trabajo y Previsión Social (STPS) sobre los niños, niñas y jóvenes que ni estudian ni trabajan en el país, se encuentra que son alrededor de un millón y medio de niños desde los 5 hasta los 17 años que no estudian ni trabajan, y siete millones 796 mil de 12 a 29 años de edad que están en las mismas condiciones. Segundo: como hemos analizado en los subtemas anteriores del presente trabajo, México cuenta con una tasa alta de oferta "laboral" en actividades que tienen que ver con la delincuencia organizada (casi medio millón de "vacantes"). Es decir, el crimen ofrece al joven lo que el Estado no.

El narcotráfico aprovecha la situación descrita en el párrafo anterior: En México unos 30'000 niños cooperan en actividades con los grupos criminales de varias formas, y están involucrados en la comisión de unos 22 tipos de delitos (desde tráfico de droga, hasta secuestro de personas, desde trata de seres humanos, hasta extorsiones, contrabando, piratería, corrupción, etcétera).

La juventud en México es protagonista en el tema de violencia, como víctimas y victimarios. De acuerdo al Equipo para la Prevención de la Violencia del Banco Mundial (2012) en este país, la tasa de homicidio juvenil se ha incrementado de 7.8 por cada 100 mil habitantes en 2007, a 25.5 en 2010. De acuerdo a estos datos, los jóvenes representan 38.2% de los homicidios en México. Pero en la faceta antagónica, encontramos que los jóvenes también integran las filas de los grupos victimarios. La violencia en los Adolescentes cada vez se incrementa más. Según MOLZAHN, *et al.* (2012) los jóvenes han sido responsables de la mitad de los delitos en 2010: seis de cada 10 de estos jóvenes tienen entre 18 y 24 años y nueve de cada 10 son hombres.

Existen estudios que ponen de manifiesto que los jóvenes se ven influenciados debido a la violencia que genera la delincuencia organizada. Como vimos en los párrafos anteriores, este tipo de criminalidad recluta y asesina a la juventud. Sin embargo, los efectos también pueden ser de manera indirecta. Como lo menciona NAVARRO, *et al.* (2011) los jóvenes han adoptado una violencia simbólica y cultural, una creciente apropiación y replicación de esta, a través de sus relaciones interpersonales. Además, dicha violencia se encuentra asociada a la cultura del narcotráfico. Es decir, el fenómeno de la delincuencia organizada en sus diversas facetas influye en la cultura de los jóvenes. Lo anterior se puede constatar analizando los resultados de un estudio realizado anteriormente por el equipo que suscribe (MARTÍNEZ *et al.*, 2012). En el citado trabajo se analiza la situación de las pandillas juveniles de una comunidad de la Frontera Norte de México (Reynosa, Tamaulipas); se aborda el tema desde dos frentes: primero se recopiló los antecedentes del pandillerismo juvenil en la ciudad (investigación documental), y después se realizaron entrevistas a una muestra de 50 expandilleros de la zona de estudio. Se encontró que la ciudad de Reynosa, Tamaulipas hasta el año 2005 se reportaban altos índices de pandillerismo. Sin embargo, el estudio encontró que para el año 2012 no había incidencia de esa conducta en la ciudad. Los testimonios recaudados confirmaron lo anterior. El estudio concluye que el fenómeno de las pandillas juveniles disminuyó debido a que la delincuencia organizada influyó de manera directa para que los jóvenes dejaran de reunirse o bien, los reclutaron.

V. CONCLUSIONES

Como lo hemos visto y analizado, la delincuencia organizada no es un fenómeno nuevo en la sociedad; existe desde los tiempos de las mafias europeas, y en América Latina tomó auge con el narcotráfico colombiano. Después vino la creación de los primeros cárteles mexicanos

En México se incrementó de manera considerable la violencia a raíz de que el gobierno intensificara las acciones para combatir a los cárteles de la droga, y a su vez, estos diversificaron sus operaciones delincuenciales, aumentando no solamente cuantitativamente la comisión de delitos, sino que además, al llevar a cabo estos, especialmente los homicidios, secuestros y extorsiones, utilizaron métodos extremadamente violentos.

La estrategia del gobierno federal (2006-2012) se ha centrado en el arresto o abatimiento de los líderes de cárteles, y en efecto, las organizaciones han sido golpeadas por estos hechos, sus integrantes han sido abatidos o detenidos. Sin embargo, la situación anterior ha obligado a los grupos de la delincuencia organizada a reabastecerse de capital humano, y la clase de población mayormente afectada por este hecho es la juvenil. El perfil mayoritario en las ejecuciones y detenciones asociadas a la delincuencia organizada, es el del varón joven, de nula o poca preparación académica. El aumento de la violencia que los grupos criminales han expresado, en buena medida se explica debido a que los integrantes que actualmente componen a estos grupos, han venido siendo cada vez de menor edad y con ello también, menor madurez; el joven que ha sido expuesto de manera crónica a la violencia, generalmente expresara también mayor agresividad en sus actos.

De esta manera fue que la violencia ha afectado a los jóvenes mexicanos, muchos de ellos han sido víctimas pero también victimarios. La pobreza, la falta de oportunidad educativa y laboral han predispuesto a los jóvenes a aceptar la oferta delincuencial de los cárteles. En el ambiente urbano, las pandillas juveniles se han convertido en la antesala de reclutamiento de los grupos criminales.

V. BIBILOGRAFÍA

AGUILAR, R. Y CASTAÑEDA, J. (2009). *El Narco: la Guerra Fallida.* México: Punto de Lectura.

ANÓNIMO (2006). Anuncia Gabinete de Seguridad Operativo Conjunto Michoacán. México: el 12/12/2006, en: *La Crónica* [en línea]. Disponible en: <http://www.cronica.com.mx/nota.php?id_nota=275855>, consultado el 15 de noviembre de 2012.

BRUCCET, L. (2001). *El Crimen Organizado.* México: Porrúa.

CHABAT, J. (2010). La Respuesta del Gobierno de Felipe Calderón Ante el Desafío del Narcotráfico: Entre lo Malo y lo Peor. En: Alvarado, A. y Serrano, M. (coord.) *Los Grandes Problemas de México XV: Seguridad Nacional y Seguridad Interior.* México: El Colegio de

México.

COSTA, G. (2012). *La Situación de la Seguridad Ciudadana en América Latina.* Perú: Grupo de Trabajo Latinoamericano, Diálogo Interamericano [en línea]. Disponible en: <http://www.thedialogue.org/PublicationFiles/GinoCostaSpanishFINAL.PDF>, consultado el 18 de noviembre de 2012.

CASTILLO, F. (2001). *Los Jinetes de la Cocaína.* Colombia: Equipo Nizcor, Human Rights Watch [en línea]. Disponible en: <http://derechos.org/nizkor/colombia/libros/jinetes>, consultado el 12 de marzo de 2011.

COOK, C. (2007). *Report for Congress. Mexico's Drug Cartels.* Estados Unidos: Congressional Research Service [en línea]. Disponible en: <http://www.fas.org/sgp/crs/row/RL34215.pdf>, consultado el 05 de marzo de 2012.

Consejo Nacional de Evaluación de la Política de Desarrollo Social. (2011). *Pobreza en México y las Entidades Federativas.* México: CONEVAL [en línea]. Disponible en: <http://web.coneval.gob.mx/Informes/Interactivo/Medicion_pobreza_2010.pdf>, consultado el 15 de noviembre de 2012.

DICKIE, J. (2006). *Cosa Nostra: Historia de la Mafia Siciliana.* Barcelona: Debate. Pág. 14.

ESTRADA, I. Y MARTÍNEZ, J. (2012). Análisis del Procesamiento Criminalístico del Lugar de Los Hechos, en Conflictos Armados de Alto Riesgo en la Franja Fronteriza de Tamaulipas. En: *Archivos de Criminología, Criminalística y Seguridad Privada* (núm. 9) [en línea]. Disponible en: <http://www.somecrimnl.es.tl/Israel-Estrada-Camacho-y-Juan-Jos-e2-->, consultado el 06 de julio de 2012.

Equipo para la Prevención de la Violencia del Banco Mundial (2012) *La Violencia Juvenil en México. Reporte de la Situación, el Marco Legal y los Programas Gubernamentales.* México: Banco Mundial.

FALCONE, G Y PADOVANI, M. (2006). *Cosas de la Cosa Nostra.* Barcelona: Ediciones Barataria. Pág. 22.

FERRO, J., URIBE, G., OSORIO Y F., CASTILLO, O. (2009). *Jóvenes, Coca y Amapola.* Bogotá: Javegraj.

Fondo de las Naciones Unidas para la Infancia (2012). *Estado Mundial de La Infancia 2012. Niñas y Niños en un Mundo Urbano.* Nueva York: UNICEF [en línea]. Disponible en: <www.unicef.org/sowc2012>, consultado el 29 de noviembre de 2012.

FLORES, C. (2011). El Tráfico de Drogas en México, de los Setenta a la Fecha. En: *Criminología y Sociedad* (num.1) [en línea]. Disponible en:

<http://www.criminologiaysociedad.com/articulos/archivos/El%20t rafico%20de%20drogas%20en%20Mexico,%20de%20los%20seten ta%20a%20la%20fecha.pdf>, consultado el 25 de octubre de 2012.

GAMBETTA, D. (1992). *La Mafia Siciliana. Un'industria della Protezione Privata.* Torino: Einaudi.

Human Rights Watch (2012). *World Report 2012. Events of 2011.* New York: Seven Stories Press [en línea]. Disponible en: <http://www.hrw.org.>, consultado el 8 de octubre de 2012. Pág. 265-272.

Instituto Nacional de Estadística y Geografía (2012). *Encuesta Nacional de Victimización y Percepción sobre Inseguridad Pública 2012.* México: INEGI [en línea]. Disponible en:<http://www.inegi.org.mx/est/contenidos/proyectos/encuestas/ho gares/regulares/envipe/envipe2012/default.aspx>, consultado el 2 de octubre de 2012.

KRAUTHAUSEN, C. (1994). Poder y Mercado. El Narcotráfico Colombiano y la Mafia Italiana. En: *Nueva Sociedad* (núm. 130) [en línea]. Disponible en: <http://www.nuso.org/upload/articulos/2322_1.pdf> consultado el 15 de septiembre de 2012.

LAZCANO, M. (1992). *Una Vida en la Vida Sinaloense.* México: Talleres Graticos de la Universidad de Occidente.

MARTÍNEZ, J., VÁZQUEZ, H., CEDANO, A., VILLARREAL, K. Y RETANA, J. (2012). La Actualidad de las Pandillas Juveniles en Reynosa, Tamaulipas. En: *Criminología y Justicia* (núm. 5) [en línea]. Disponible en: <http://cj-worldnews.com/spain/index.php?option=com_booklibrary&task=vi ew&id=91&Itemid=121&catid=59&lang=es.>, consultado el 20 de diciembre de 2012.

MOLZAHN, C., RÍOS, V. Y SHIK, A. (2012). *Drug Violence in Mexico: Data and Analysis Through 2011.* Estados Unidos: Trans-Border Institute.

NAVARRO, M., MORFÍN, M., PRECIADO, R., TELLES, M. (2011). La Cultura de Violencia Social y Narcotráfico en los Jóvenes, una Mirada a los Blogs y Sitios Públicos de gran Impacto, Sus Implicaciones Educativas. En: *Praxis Investigativa REDIE* (núm. 4) [en línea]. Disponible en: <http://www.redie.org/librosyrevistas/revistas/praxisinv04.pdf>, consultado el 01 de agosto de 2012.

RAMÍREZ, L. (2011). *Índice de Victimas Visibles e Invisibles.* México: México Evalúa, Centro de Análisis de Políticas Públicas, A.C. [En línea]. Disponible en:

<http://www.mexicoevalua.org/descargables/e42923_INDICE_VIC TIMAS_VISIBLES_INVISIBLES.pdf>, consultado el 10 de octubre de 2012.

RAMÍREZ, L. (2012). *Indicadores de Víctimas Visibles e Invisibles de Homicidio*. México: México Evalúa, Centro de Análisis de Políticas Públicas, A.C. [En línea]. Disponible en: <http://mexicoevalua.org/descargables/413537_IVVI-H.pdf>, consultado el 1 de diciembre de 2012.

ROCHA, R. (2000). *La Economía Colombiana Tras 25 Años de Narcotráfico*. Bogotá: PNUFID y Siglo del Hombre Editores.

Organización Iberoamericana de la Juventud (2004). *La Juventud en Iberoamérica Tendencias y Urgencias*. Santiago de Chile: CEPAL [en línea]. Disponible en <http://www.oij.org/file_upload/publicationsItems/document/20120 420162808_82.pdf>, consultado el 15 de octubre de 2012.

Organización Mundial de la Salud (2009). *Global Status Report on Road Safety: Time for action*. Ginebra: OMS [en línea]. Disponible en: <http://whqlibdoc.who.int/ publications/2009/9789241563840_eng.pdf>, consultado el 30 de septiembre de 2011.

Oficina de las Naciones Unidas contra la Droga y el Delito (2012). *Informe Mundial Sobre las Drogas 2012*. Estados Unidos: UNODOC.

Procuraduría General de la República (2012). *Base de Datos por Fallecimientos por Presunta Rivalidad Delincuencial*. México: PGR [en línea]. Disponible en <http://www.pgr.gob.mx/temas%20relevantes/estadistica/estadistica s.asp#>, consultado el 10 de agosto de 2012.

PINHEIRO, P. (2006). *World Report on Violence Against Children*. Nueva York: ONU.

SÁNCHEZ, M. Y PALACIOS, A. (2012). Los 'Daños Colaterales' y el Costo Social del Combate al Narcotráfico. México: el 26/11/2012, en: *Aristegui Noticias* [en línea]. Disponible en: <http://aristeguinoticias.com/2611/mexico/los-danos-colaterales-y-el-costo-social-del-combate-al-narcotrafico/>, consultado el 12 de noviembre de 2012.

SHIK, A. (2012). *The Drug War in Mexico Confronting a Shared Threat*. Estados Unidos: Council on Foreign Relations [en línea]. Disponible en: <http://www.cfr.org/mexico/drug-war-mexico/p24262>, consultado el 10 de octubre de 2012. Pág. 7.

Stratfort (2012, a) *Cartel Activity in Mexico*. Estados Unidos: Stratfort Global Intelligence [en línea]. Disponible en:

31

<http://www.stratfor.com/sample/image/cartel-activity-mexico>, consultado el 20 de noviembre de 2012.

Stratfort (2012, b) *Constraints Facing the Next Mexican President.* Estados Unidos: Stratfort Global Intelligence [en línea]. Disponible en: <http://www.stratfor.com/weekly/constraints-facing-next-mexican-president>, consultado el 20 de noviembre de 2012.

TORRES, J. (2012). Jóvenes de Brasil y Colombia, Atrapadas en la Dinámica del Narco. México: el 06/07/2012 en: *Cimacnoticias* [en línea]. Disponible en: <http://cimacnoticias.com.mx/node/61082>, consultado el 20 de noviembre de 2012.

VILLALOBOS, J. (2012). Nuevos Mitos de la Guerra Contra el Narco. México: el 01/01/2012, en: *Nexos* [en línea]. Disponible en: *<http://www.nexos.com.mx/?P=leerarticulo&Article=2102505>*, consultado el 20 de enero de 2012.

II

NARCOTERRORISMO Y CRIMINALIDAD ORGANIZADA: NUEVAS FORMAS DE SIMBIOSIS ENTRE EL TERRORISMO LOCAL Y EL NARCOTRÁFICO EN TERRITORIO PERUANO

JOSEPH EMERSON CCAZA ZAPANA[9]

PERÚ

1. CUESTIONES PRELIMINARES — 2. EL MOVIMIENTO REVOLUCIONARIO TÚPAC AMARU (MRTA) YSENDERO LUMINOSO (SL) — 3. NARCOTERRORISMO — 4. PALABRAS FINALES — 5. BIBILOGRAFÍA

1. CUESTIONES PRELIMINARES

Uno de los más importantes eventos acaecidos como consecuencia inefable del fenómeno de la globalización que toca las esferas económico-políticas y de seguridad de la sociedad en general es, sin duda, el acelerado crecimiento de la llamada *industria del narcotráfico*, pingüe manufactura que ha puesto en jaque a todo el aparato jurídico-político de los diversos Estados del mundo, particularmente de América Latina, a partir de los años setenta.

El narcotráfico, en el particular caso peruano, ha logrado insertarse de forma relativamente exitosa en las diversas esferas de la política y la economía locales.

En el primer caso, gracias a la formación de importantes redes de apoyo social, militar y político que le han permitido funcionalizar las estructuras jurídico-políticas de acuerdo a sus ilícitas necesidades; y en el segundo, gracias a una especial adaptación de las políticas de crecimiento orientado a la exportación, que hacen del narcotráfico una empresa perfilada a la demanda y la internacionalización, con una división del trabajo muy estricta entre diferentes localizaciones, capaz de ajustarse a las dinámicas de la economía global (RODRÍGUEZ, 2012).

---

[9] Universidad Nacional de San Agustín.

Este desolador panorama ha hecho difícil que la mano militar y policial, en lo que les corresponde, reciba y aplique lineamientos político-criminales coherentes que, en alguna medida, contrarresten o por lo menos mitiguen el fenómeno del narcotráfico en las zonas más vulnerables a este flagelo.

La escasa inversión del Estado en las zonas fronterizas aunada a la pobreza económico-cultural de la población que habita tales localidades son por antonomasia peligrosos detonantes que han facilitado el ingreso de la industria del narcotráfico, particularmente del tráfico ilícito de drogas, a dichas locaciones.

El cultivo indiscriminado de hoja de coca por el poblador común para su posterior e indiscriminada venta a los cárteles locales a efectos de que estos conviertan esta materia prima en los diversos derivados de alcaloides, es una simple muestra que evidencia que tal problema ha desbordado ampliamente cualquier política anti narcotráfico implementada por el actual gobierno del presidente Humala TASSO o puesta en marcha por los anteriores dirigentes de la patria.

Hecha esta sucinta presentación y como ya se podrá entrever, el propósito del presente trabajo pretende elucidar algunos de los efectos que el narcotráfico ha tenido en la configuración del reciente conflicto armado en el Valle de los ríos Apurímac y Ene (VRAE) entre las Fuerzas Armadas del Perú y los remanentes del denominado Movimiento Revolucionario Túpac Amaru (MRTA), con el ánimo de determinar hasta qué punto puede sostenerse que el narcotráfico se constituye en la fuerza motriz del conflicto terrorista, y si acaso la lucha contra la droga y el narcotráfico deviene en sí misma en condición necesaria y suficiente para lograr la pronta erradicación del fenómeno terrorista en el VRAE.

2. EL MOVIMIENTO REVOLUCIONARIO TÚPAC AMARU (MRTA) Y SENDERO LUMINOSO (SL)

Durante todo el decenio de 1980 y los principios de 1990, en el Perú se vivía una atmósfera de violencia, inseguridad y temor inusitados que marcaban la pauta social de la población peruana.

Usando el terror y la extorsión, dos grupos guerrilleros compitieron por el poder político, económico y social, junto con tratantes de drogas y bandas sofisticadas de secuestradores y ladrones: el Movimiento Revolucionario Túpac Amaru (MRTA) y Sendero Luminoso (SL) (LEGER, 1994).

El MRTA actuó y actualmente actúa en la zona conflictiva del VRAE desde 1985. Fue, sin embargo fundado un año antes por elementos de ideología de extrema izquierda que pretendieron importar tácticas de las guerrillas que lucharan con el poder imperante del Estado opresor capitalista (como ellos refieren y denominan) muy presentes en otros países latinoamericanos.

Los atentados con coches bomba, asesinatos de policías, militares y también civiles, secuestros, sabotaje y guerrilla urbana, al estilo de Sendero Luminoso, el otro gran grupo terrorista peruano, han sido continuos. Más de 26.000 asesinatos y casi 27.000 millones de dólares en pérdidas materiales son las cartas de presentación del MRTA y de Sendero Luminoso en el siglo XXI. La diferencia visible entre el MRTA y Sendero Luminoso es el uniforme que visten los primeros, en los Andes, sin embargo en las ciudades se camuflan entre la población del mismo modo que hace Sendero Luminoso. Un sector de la población especialmente castigado por ambos grupos terroristas es el homosexual, con 500 víctimas entre ambos y considerado por el MRTA como una lacra social que corrompe a la juventud (Red Safe World, 2012).

El primer líder del movimiento, Víctor POLAY Campos, fue detenido en 1992, sustituyéndole Néstor CERPA CARTOLINI, abatido en la toma de la Embajada de Japón en 1997, una acción espectacular en la que retuvieron a 500 personas de lo más granado de la sociedad peruana, motivando una respuesta militar por parte del Gobierno con el saldo de 14 terroristas muertos (incluido su líder), el vocal de la Corte Suprema del Perú, Carlos GIUSTI además de dos militares. El origen común de los dos grupos terroristas fue el Partido Comunista Peruano de los años 60, el cual se fragmentó en dos formaciones: una de influencia rusa y la otra de influencia china, dos formas de comunismo diferentes, la primera más pacífica que la segunda. La facción de influencia china, conocida como Partido Comunista Peruano-Bandera Roja, se dividió de nuevo en 1968 naciendo "Patria Roja", en el Departamento de Ayacucho, liderado por Abimael GUZMÁN REYNOSO adquiriendo la denominación "Frente Estudiantil Revolucionario por el Lumino Sendero de José Carlos Mariátegui" al que se irían uniendo a lo largo de la década de los 70 varias formaciones políticas también de orientación maoísta como "Patria Roja", "Pukallacta", "Bandera Roja" y "Vanguardia Revolucionaria" siendo una fecha clave el 19 de mayo de 1979 que comienza, hasta el cinco de julio, el IX Pleno ampliado del comité central, en el que se acuerda iniciar la lucha armada de inmediato ante lo que en abril de 1980 se lleva a cabo la "I Escuela Militar del Partido", en cuya clausura Abimael GUZMÁN pronunció sus famosas palabras: "Somos los Iniciadores [...] Camaradas: a concluido nuestra labor con las manos desarmadas, se inicia nuestra labor armada" (*Ibídem*).

3. NARCOTERRORISMO

Pese a la reticencia de académicos, organizaciones internacionales y medios de comunicación para reconocer los evidentes nexos del narcotráfico con redes y agrupaciones terroristas diseminadas por el planeta, la prueba documentada indica que la guerra del siglo XXI está marcada, por lo menos en la primera etapa, por la mezcla narcotráfico-terrorismo tras conveniencias mutuas contra un enemigo común (PULIDO, 2005).

Las modernas organizaciones delictivas, como por ejemplo el narcotráfico, actualmente necesitan asentar diversos y umbilicales vínculos: mediante la corrupción o el chantaje a funcionarios, merced a los nuevos lazos tejidos con diversas agrupaciones terroristas, con el sistema oficial de gobierno, con las fuerzas armadas y policiales o con los denominados paraísos fiscales cuya puerta de entrada por antonomasia se encuentra representado por heterogéneas instituciones financieras, etc., con el fin de mantener en vigor su dominio operativo.

Tales vínculos según LEGER (1994) crean nuevos centros de poder que coexisten con el sistema oficial, con ayuda de las personas desde dentro y fuera del sistema. O sea, la fortaleza y el crecimiento de las modernas organizaciones delictivas encuentran su basamento en sus conexiones con el sistema social y las esferas de poder.

El término "narcoterrorismo" no es una etiqueta nueva. El concepto se remonta a los tiempos del presidente peruano Fernando BELAÚNDE TERRY, quien hacia 1983 lo utilizara para denunciar las violentas acciones de los traficantes de drogas que operaban en el país (CALDERÓN, 2010).

A la cabeza del narcoterrorismo peruano en esa época se encontraba un enorme poder que desafiaba al Estado, la hoy disminuida pero todavía peligrosa "Sendero Luminoso", una organización maoísta que experimentó un proceso de convergencia con el narcotráfico y otras formas de crimen organizado (*ibídem*).

El proceso de convergencia entre organizaciones políticas que utilizan tácticas terroristas y el crimen organizado, fue desarrollándose desde una simple asociación hasta un punto en que debido a las mutaciones sufridas resulta imposible distinguir entre unos y otros. La búsqueda desesperada de nuevas y/o mayores fuentes de ingreso para financiar sus actividades, hizo que se cometiera la brutal desviación que significa desnaturalizar la lucha por el logro de un objetivo político, para sumarse a una actividad criminal como el narcotráfico con el supuesto objeto de financiar sus actividades "revolucionarias" (*Ibídem*).

Una organización que trafica con drogas ilegales, puede

denominarse narcoterrorista, si utiliza el crimen y el terrorismo masivo y selectivo, como tácticas predominantes dentro de su estrategia para vigorizar su poder. El terrorismo puede utilizar las tácticas de la criminalidad organizada para financiar sus actividades. La criminalidad organizada también se apoya del brazo terrorista cuando por ejemplo ellas controlan un territorio que le puede servir como base de operaciones. De acuerdo con DE LA CRUZ OCHOA (2006) la criminalidad organizada no actúa en contra de lo establecido, sino se aprovecha de las ventajas que el status y el funcionamiento del sistema económico social puede ofrecer.

Edgardo BUSCAGLIA, *cit. pos.* DE LA CRUZ OCHOA (2006), afirma que entre la criminalidad organizada y los grupos terroristas existen importantes puntos de convergencia, a saber:

•Cambio de drogas por armas.
•Traficantes de seres humanos por dinero.
•Adquisición de material nuclear.
•Protección que se proporciona a los cargamentos, los plantíos y la transportación.
•Lavado de dinero.
•Compra de documentos falsos y acceso a áreas reservadas.

Las principales actividades de la delincuencia organizada en el Perú son el tráfico ilícito de drogas, la tala ilegal de árboles, la trata de personas, la minería informal y algunas acciones de remanentes de la organización terrorista Sendero Luminoso, todo ello genera un marco de creciente corrupción e impunidad (BRICEÑO POMAR, 2012) que el Estado peruano aún no puede combatir arteramente.

4. PALABRAS FINALES

Si bien pueden existir —de hecho existen— conexiones entre el terrorismo y el narcotráfico, tales agrupaciones no deben ser en absoluto confundidas ya que cada una requiere de una distinta y particular forma de control y supresión.

El uso del terror y la violencia como mecanismos disuasivos y de supervivencia por parte de la criminalidad organizada (narcotráfico) no los convierte en estricto en grupos terroristas, ya que utilizan esas tácticas para acrecentar sus ganancias y/o tan sólo para protegerse (DE LA CRUZ OCHOA, 2006). El narcotráfico se ha convertido en el socio silencioso de todos los grupos armados ilegales del orbe mundial.

En este sentido refiere CALDERÓN (2010) que el sideral volumen de dinero ilegal generado por el tráfico de drogas, de armas, de personas y de otros delitos altamente complejos asociados o no con estas actividades criminales, constituye una herramienta para corromper a los Estados y debilitar a sus sociedades. La situación se agrava gracias a la carencia de una respuesta global e internacional adecuada y debidamente coordinada, que cuente además con un plexo legal —tanto mundial como de cada país en particular—, que permita perseguir, encausar y castigar debidamente a las organizaciones delictivas y a sus integrantes. Las autoridades de nuestro país deberían recoger el interés del Consejo de Seguridad de la ONU, en alentar a los Estados Miembros a efectos de que estos aumenten su cooperación para reforzar la fiscalización de estupefacientes y poner así freno a la circulación de las drogas, incluso cooperando en la gestión de las fronteras, destacándose la necesidad de adoptar medidas perentorias —con el apoyo de los agentes internacionales pertinentes—, para luchar contra la clarificación de las ganancias obtenidas mediante actividades delictivas, la corrupción y el tráfico ilícito de estupefacientes y sus precursores.

Es vital que el Estado peruano y sus pares vecinos en su conjunto articulen planes estratégicos dirigidos a erradicar eficazmente el contrabando de narcóticos, estimulantes y demás hacia el exterior, es imperativo que con lo anterior también se prevenga el consumo interno de las drogas, de lo contrario el país se sumirá ante nuestros ojos en la fea protagonista de la historia, una sociedad violenta y preñada de delincuencia.

Quisiéramos terminar estas breves reflexiones citando a un joven colega mexicano, en virtud a que creemos como él que el nuevo criminólogo y criminalista no sólo debe incorporar en su carácter la investigación de los hechos criminales, debe trascender su labor desarrollando la ciencia y tecnología, auxiliándose de los diversos organismos nacionales e internacionales a fin de consolidar un sistema nacional de investigadores en el área criminológica y criminalística. ¡La Criminología deberá luchar con el impulso de su juventud! (HIKAL, 2011).

5. BIBLIOGRAFÍA

BRICEÑO POMAR, J. (2012) *Crimen organizado y narcotráfico en el Perú y sus efectos en la región andina*. En: Niño, CATALINA (ed.) *Crimen organizado y gobernanza en la región andina: cooperar o fracasar, Memorias, Quito, 10 y 11 de octubre de 2011*. Quito: Friedrich Ebert Stiftung.

CALDERÓN, H. (2010) *El "Cartel de la gran Aldea" del narcotráfico argentino.* [En línea]. Disponible en: <www.horaciocalderon.com/.../HC_Narcotrafico_CartelGranAldea.d oc> Consultado el 01 de abril de 2013.

CCAZA ZAPANA, J. E. (2012A). *Criminalística y Derecho Probatorio en materia penal.* Arequipa: Grupo Editorial CROMEO S.A.C.

DE LA CRUZ OCHOA, R. (2006) *Crimen organizado, delitos más frecuentes, aspectos criminológicos y penales.* México: UNAM.

ELBERT, C. A. (1998) *Manual básico de Criminología.* Buenos Aires: Editorial Universitaria de Buenos Aires.

GUTIÉRREZ GUTIÉRREZ, A. (2011). *El perfil del terrorista: ¿Por qué se integran en la organización?* En: *Quadernos de Criminología, Revista de Criminología y Ciencias Forenses.* Trimestral julio-setiembre, número 14. Valladolid: SECCIF.

HIKAL CARREÓN, W. (2011). *Criminología Etiológica-Multifactorial, los factores criminógenos.* México: Flores Editor y Distribuidor, S.A.

LEGER, K. (1994). *Delincuencia y desarrollo urbano en Perú.* En: *DESCO El CIID Informa.* [En línea]. Disponible en: <http://idl-bnc.idrc.ca/dspace/bitstream/10625/25300/1/109136.pdf> Consultado el 01 de abril de 2013.

MAGAZ ÁLVAREZ, R. (2007). *Respuestas político-criminales a la delincuencia internacional: Narcotráfico y terrorismo.* En: COLLADO MEDINA, J. (Coord.) *Elementos básicos de investigación criminal.* Madrid: Instituto Universitario "General Gutiérrez Mellado" de Investigación sobre la Paz, la Seguridad y la Defensa.

Red Safe World (2012). *Los grupos terroristas peruanos: Sendero Luminoso y MRTA.* [En línea]. Disponible en: <http://www.redsafeworld.net/products/los-dos-grupos-terroristas-peruanos-sendero-luminoso-y-mrta/> Consultado el 01 de abril de 2013.

REYES ECHANDÍA, A. (1999). *Criminología.* Santa Fe de Bogotá: Editorial Temis S.A.

RODRÍGUEZ, G. P. (2012). *Elites, conflicto y narcotráfico en Colombia.* [En línea]. Disponible en: <www.docentes.unal.edu.co/.../ELITES%20CONFLICTO%20Y%20 NAR...> Consultado el 01 de abril de 2013.

VILLAMARÍN PULIDO, L.A. (2005). *Narcoterrorismo: La Guerra del Nuevo Siglo, vínculos del narcotráfico con el terrorismo internacional.* Madrid: Ediciones Nowtilus, S.L.

III

CRIMINALIDAD ORGANIZADA Y TRÁFICO HUMANO EN ARGENTINA

PATRICIA ANDREA TAUS[10]
ARGENTINA

I. INTRODUCCIÓN —1. Vinculación de la esclavitud con la Trata de Personas— 2. Legislación vigente en Argentina — 3. La "Globalización de la ilegalidad "y la necesidad de adecuación normativa a los estándares internacionales — 4. La condición de vulnerabilidad — 5. El enfoque multiinstitucional de la problemática — 6. La relevancia del cliente en la trata con fines de explotación sexual — 7. Los casos de corrupción — 8. Conclusiones del Reporte 201 respecto de la Argentina — II.CONCLUSIONES — III. BIBLIOGRAFÍA.

I. INTRODUCCIÓN

La trata de personas es considerada un crimen internacional de lesa humanidad que atenta contra los derechos humanos fundamentales de las víctimas y afecta a la sociedad en general, puede dar lugar a la ruptura de familias y comunidades (RAMONET, 2011). Según, la Asamblea General de la OEA (2012: 68) "[...] facilita el crecimiento de la delincuencia organizada y otras actividades ilícitas; priva a los países de capital humano e impide de ese modo el desarrollo; incrementa los costos de salud pública y socava el cumplimiento de la ley".

A nivel económico, se estima que genera ganancias que oscilan los 32.000 millones de dólares por año en el mundo (USI, 2007), lo que la convierte en una de las actividades criminales globales más lucrativas, después del tráfico de drogas y de armas. Según el *Manual para la lucha contra la Trata de Personas* de la Oficina contra la Droga y el Delito de las Naciones Unidas (ONUDD, 2009: 112), "la trata de personas debe entenderse como un proceso y no como un delito aislado [...] ya que, muchas veces, aparece vinculada al contrabando de armas, de drogas, al blanqueo de dinero y a la evasión fiscal".

---

[10] Universidad de Buenos Aires.

No es un fenómeno actual. Esta actividad ilícita se denominaba "trata de blancas", dado que la práctica comenzó en la época de la esclavitud en que "la trata de negros / negras" fue aceptada por la población y el Estado, mientras que la esclavitud de las mujeres de raza blanca desde su lugar de origen para su posterior explotación como prostitutas o concubinas era considerado un crimen. En la actualidad el término "Trata de blancas" es incorrecto y anacrónico ya que se refiere a un delito basado en diferencias raciales, ocurrido en un período de la historia en el cual la trata de personas de raza negra era legal y contribuyó a los ingresos de los Estados.

En el año 2000, la Convención de Naciones Unidas contra la Delincuencia Organizada Transnacional ("Convención de Palermo") y dos protocolos complementarios, el Protocolo para Prevenir, Reprimir y Sancionar la Trata de Personas, Especialmente Mujeres y Niños, ("Protocolo de Palermo") y el Protocolo contra el tráfico Ilícito de Migrantes por Tierra, Mar y Aire, otorgan un marco jurídico penal internacional que abarca todos los delitos de comercio ilícito de seres humanos con fines de someterlos a cualquier forma de esclavitud moderna, sin importar la edad , la raza o el sexo.

1. Vinculación de la esclavitud con la Trata de Personas

El Día Internacional del Recuerdo de la Trata de Esclavos y de su Abolición se celebra el 23 de agosto. La fecha es significativa porque, durante la noche del 22 de agosto, de 1791 en la isla de Saint-Domingue (hoy Haití), se inició un levantamiento importante para la abolición transatlántica de la trata de esclavos (UNESCO, 1998). Mientras, el Día Internacional para la Abolición de la Esclavitud se celebra el 2 de diciembre (ONU, 1996).

Los tratados internacionales contemporáneos recogen la prohibición de la esclavitud, que se considera como un crimen contra la humanidad. No obstante, sigue existiendo arraigada culturalmente en determinados países (India, Sudán, Mauritania) y ha reaparecido en otros bajo ciertas condiciones excepcionales, como es el caso de la mano de obra infantil esclava en el Sudeste asiático o determinados tipos de prostitución en todo el mundo.

Históricamente, la esclavitud fue precisada como aquella situación mediante la cual se ejercía sobre un individuo atributos del derecho de propiedad o alguno de ellos (ONU, Convención sobre la Esclavitud, 1926). Esta definición ha sido superada por concepciones y definiciones que se compatibilizan mejor con el avance de las sociedades modernas y el desarrollo de nuevos métodos contemporáneos para el ejercicio del derecho de propiedad sobre el prójimo, a saber: el trabajo o servicio exigido a un individuo bajo la amenaza de una pena cualquiera (OIT, Convenio sobre Trabajo Forzado, 1930) o la prestación de servicios sexuales por dinero o remuneración (prostitución) cuando ella se realiza mediante la explotación de una tercera persona (Convenio para la Represión de la Trata de Personas y de la Explotación de la Prostitución Ajena, 1949). Este último tratado internacional unificó los instrumentos anteriores relativos a la "trata de blancas" y al tráfico de mujeres y niños, definiendo como delito el hecho de que una persona concierte la prostitución de otra, aún con el consentimiento de ésta última.

Según, el TIY en el precedente PROSECUTOR, KUNARAC, KOVAC y VUKOVIK (2002: 33): "El crimen de esclavitud está íntimamente ligado a la esclavitud en términos de su definición básica pero abarca otras formas contemporáneas de esclavitud no contempladas en la Convención contra la Esclavitud de 1926 y en otras similares o siguientes". Actualmente, se entiende por esclavitud, el ejercicio de los atributos del derecho de propiedad sobre una persona, o de alguno de ellos, incluido el ejercicio de esos atributos en la trata de personas, en particular de mujeres y niños (Estatuto de Roma de la Corte Penal Internacional, 1998).

Es dable destacar que la esclavitud ha sido una constante a lo largo de los diversos periodos históricos. En la Antigüedad encontramos los primeros escritos en los que se tiene constancia de la presencia de esclavos en una gran civilización es en Mesopotamia durante la época sumeria. La esclavitud como práctica social y económica fue usual en la antigüedad greco-romana, y ambas pueden considerarse las primeras sociedades "esclavistas" al estar sustentada su base económica por este sistema.

A partir del siglo XVIII empiezan a ser importantes los movimientos abolicionistas de la esclavitud. Dos razones fundamentales existen para ello: el surgimiento de un nuevo orden filosófico y político a partir de las ideas de la Ilustración, que tienen su punto culminante en la Declaración de los Derechos del Hombre y del Ciudadano de 1789 en la Revolución Francesa, y el surgimiento de un nuevo orden económico a partir de la Revolución Industrial que se iniciara en Inglaterra, que hizo que el sistema esclavista fuera menos conveniente que el sistema de trabajo remunerado. De hecho existe una correlación directa entre industrialización y abolicionismo.

En las nuevas naciones americanas la abolición, muchas veces precedida por la libertad de vientres, se produjo durante el proceso independentista, en algunos casos y en otros durante los primeros años de la independencia. El primer país en el que se abolió la esclavitud fue Haití en 1803. Entre los últimos países en abolir la esclavitud se encuentran Cuba y Brasil en 1888. Las revoluciones cubanas contra el dominio español de finales del siglo XIX se sustentaron en gran medida en el lento proceso de abolición de la esclavitud realizado por las autoridades españolas. En los Estados Unidos de América, durante la Guerra de Secesión, acontecida en la presidencia de Abraham Lincoln, se libera a los esclavos establecidos en la Confederación no controlados por la Unión. Sin embargo, la abolición de la esclavitud en los Estados rebeldes fue un objetivo oficial de la Guerra (Proclamación de la Emancipación, 1863). Esto dio ímpetu a la adopción de la XIII y XIV Enmiendas de la Constitución de los Estados Unidos de América, las cuales abolieron la esclavitud y establecieron la imposición federal de los derechos civiles.

Dentro de este contexto, la Argentina, durante la 13 ª Asamblea Anual de las Provincias Unidas del Río de la Plata promulgó lo que se conoce como la "libertad de vientre" en 1813 por la cual los hijos de las esclavas eran libres al nacer. Cuando la Constitución de la Confederación Argentina entró en vigor (1 de mayo de 1853), la esclavitud fue abolida definitivamente. Según el artículo 15 de la Constitución de la Confederación Argentina (1853: 4): "[…] Todos los contratos para la compra y venta de personas constituye un delito por el cual los que participan en esos contratos tendrán que rendir cuentas, así como el escribano o funcionario que lo autorice". Cuando el Estado de Buenos Aires se unió a la confederación (1860: 4), al último párrafo se añadió lo siguiente: "Y los esclavos que de una manera u otra, se incorporan en el territorio son libres por el solo hecho de pisar el territorio de la República". Además, la Argentina ratificó la Convención Suplementaria sobre la Abolición de la Esclavitud, la Trata de Esclavos y las Instituciones y Prácticas Análogas a la Esclavitud, de 1956.

2. Legislación vigente en Argentina

Los antecedentes normativos argentinos en materia de trata de personas se remontan a la sanción de la Ley N° 9.143 contra la rufianería, la corrupción de menores y la explotación sexual (1913). Esta norma es conocida como Ley Palacios –en alusión al Dr. Alfredo PALACIOS, primer diputado nacional socialista de América Latina– y ubico, a la Argentina, en la vanguardia de la época dado que constituyo el primer intento legislativo en el continente para erradicar la prostitución, proteger a las víctimas de explotación sexual –mujeres, niñas y niños -

y penalizar a los responsables. Según la Conferencia Mundial de la Coalición contra el Tráfico, en coordinación con la Conferencia de Mujeres (1999) se establece el 23 de septiembre como Día Internacional contra la Explotación Sexual y el Tráfico de Mujeres y Niñas/Niños en claro reconocimiento al día de promulgación esta primera norma legal. Esta celebración tiene como fin concientizar a los gobiernos y a la sociedad civil sobre las causas y consecuencias de este crimen endémico que afecta a todas las regiones del mundo y llevar a cabo acciones que permitan detenerlo.

Posteriormente, fue sancionada la Ley 12.331 (1936) –aún vigente– de "Profilaxis de Enfermedades Venéreas", que prohíbe el establecimiento de locales donde se ejerza la prostitución, o se incite a ella, castiga a aquellos que regenteen o administren "casas de tolerancia" y también prevé para el caso de extranjeros la pérdida de ciudadanía y expulsión del país. Su intencionalidad era perseguir al proxeneta y al tratante de blancas.

Asimismo, con anterioridad a 2008, el Código Penal Argentino tipificaba otros delitos vinculados –promoción y facilitación de la prostitución, la reducción a servidumbre y corrupción de menores– que resultaban de utilidad para la persecución y sanción del delito trata.

De forma complementaria al plexo normativo local, se contaba y cuenta para la lucha contra este flagelo con las herramientas supranacionales vigentes. En Argentina, las convenciones o tratados, una vez ratificados, asumen carácter vinculante y pasan a integrar el marco normativo nacional, en un orden jerárquico superior a las leyes. Asimismo, la última reforma de la Carta Magna (1994), le otorgo jerarquía constitucional (art. 74 inc. 22) a los principales instrumentos del Sistema Universal de Derecho Internacional de los Derechos Humanos, entre los que se encuentran aquellos que expresamente prohíben la servidumbre, esclavitud y la trata de personas, tales como: Declaración Universal de los Derechos Humanos, art. 4; Convención Americana sobre Derechos Humanos, art. 6.1 y art. 19; Pacto Internacional de Derechos Civiles y Políticos, art. 8; Convención sobre la Eliminación de todas las Formas de Discriminación contra la Mujer, art. 6 y Convención sobre los Derechos del Niño, art. 19.1, art. 34 a, b, c, art. 35 y art.36 –con sus dos Protocolos Facultativos relevantes respecto a la trata infantil:"Venta de niños, la prostitución infantil y la utilización de niños en la pornografía" y "La participación de niños en conflictos armados"–. Sumado a lo anterior, sendas Recomendaciones Generales, Documentos, Convenciones y jurisprudencia del Comité de Derechos Humanos resultan de aplicación obligatoria y pertinente al tema de acuerdo a los compromisos internacionales asumidos por la

Argentina.

Según la Recomendación General N° 19 del Comité de la CEDAW sobre "La Violencia contra la Mujer" (1992, Art.6, 14.): "[...] la pobreza y el desempleo aumentan las oportunidades para la trata de mujeres". En esta línea, el documento de la Comisión de la Condición Jurídica y Social de la Mujer de Naciones Unidas sobre "Eliminación de la Demanda de Mujeres y Niñas que son objeto de trata con fines de explotación" (2005: 4) estipuló "la necesidad de un enfoque que aborde todos los factores y causas que fomentan la demanda [...] Reconoció que la mayoría de las personas objeto de la trata son mujeres y niñas de países en desarrollo y con economías en transición". En este orden de ideas, resulta oportuno hacer referencia, tanto a la Recomendación General No 25 (30° periodo de sesiones, 2004: 10-12) sobre las medidas especiales de carácter temporal que deben implementar los Estados Partes, como al Informe de la Relatora Especial sobre Violencia contra la Mujer (2006: 6-11) que instituye la norma de la debida diligencia como instrumento para la eliminación de la violencia contra la mujer.

Del mismo modo, el Sistema Interamericano de Derechos Humanos ofrece importantes instrumentos aplicables en la prevención y sanción de este delito. Además de la citada Convención Americana sobre Derechos Humanos que prohíbe la trata de mujeres en todas sus formas y la equipara a la servidumbre, se debe tener presente lo resuelto por los órganos de control y vigilancia para la observancia y cumplimiento de los derechos humanos reconocidos en este tratado, es decir, la Comisión Interamericana de Derechos Humanos y la Corte Interamericana de Derechos Humanos. Según el precedente "Raquel Martin de Mejía v Perú" (1996, V, 2, a.), la CIDH "establece que existió violación sexual como tortura".

En este orden de ideas, resultan eficaces dos Convenciones: a) "Convención Interamericana para Prevenir, Sancionar y Erradicar la Violencia contra la Mujer", Convención de Belém do Pará (aprobada en el ámbito de la OEA en 1994 y ratificada por Argentina, por Ley N° 24.632, en 1996) que fue adoptada por todos los países de la región, constituyendo un valioso marco normativo para combatir la violencia de género (Art. XX, b, c), complementándose con la "Convención para la Eliminación de Todas las Formas de Discriminación contra la Mujer" (CEDAW). Según la Convención de Belem do Para (1994, Art. 1) la violencia contra la mujer es "cualquier acción o conducta basada en su género que cause muerte, daño o sufrimiento físico, sexual o psicológico a la mujer, tanto en el ámbito público como en el privado". Establece un nexo inseparable entre violencia y discriminación, manifestando que el derecho de las mujeres a vivir libres de violencia conlleva su derecho a no ser discriminadas y a ser educadas sin estereotipos de género ni patrones de inferioridad. Según el precedente GONZÁLEZ y otras ("Campo Algodonero") contra México" (2009:11-19), la CIDH ha reconocido su "competencia contenciosa respecto al Art.7 de esta Convención". b) Asimismo, aprobada por Ley N°25.179 de 1999, la "Convención Interamericana sobre Tráfico Internacional de Menores", aporta herramientas para la prevención y sanción del tráfico de personas y para efectivizar la restitución de las personas menores de edad a sus países de origen.

Por otra parte, resultan pertinentes sendos Convenios de la Organización Internacional del Trabajo (OIT), tales como: En 1950, Argentina ratifico el "Convenio N° 29 sobre el Trabajo Forzoso" (1930: 1), que define a este delito como "todo trabajo o servicio exigido a un individuo bajo la amenaza de una pena cualquiera y para el cual dicho individuo no se ofrece voluntariamente". También, incorporado por Argentina en 1960, el "Convenio Nª 105 sobre la Abolición del Trabajo Forzoso" (1957: 1), establece que "los miembros firmantes se obligan a suprimir y a no hacer uso de ninguna forma de trabajo forzoso u obligatorio". Respecto de las personas menores de edad, es de destacar que el "Convenio N° 138 sobre la edad mínima" (1973: 1.) dispone que "todo país ratificante deberá comprometerse a seguir una política nacional tendiente a la abolición efectiva del trabajo de los niños y a elevar progresivamente la edad mínima de admisión al empleo". Al respecto, la Argentina sancionó la Ley 26.390 "Prohibición del Trabajo Infantil y Protección del Trabajo Adolescente" que eleva la edad mínima de admisión al empleo a 16 años. Sumado a ello, ha sido aprobado el "Convenio Nª 182 (2000: 2) sobre las peores formas de Trabajo Infantil" en el que se plantea la importancia de que los Estados miembros adopten medidas inmediatas y eficaces para la prohibición y la eliminación de las denominadas "peores formas de trabajo Infantil". Por último, el "Convenio N° 97 sobre los trabajadores migrantes" (1949: 1), define al trabajador migrante como "toda persona que viaja de un país a otro para ocupar un empleo que no habrá de ejercer por su propia cuenta". Este Convenio se complementa con la "Convención Internacional sobre la Protección de los Derechos de Todos los Trabajadores Migratorios y de sus Familiares" (ONU, 1990: 2) ratificada por Argentina en el año 2007, que consagra el principio de que "toda persona que se desplaza por trabajo tiene los mismos derechos fundamentales que el resto de los trabajadores".

3. La "Globalización de la ilegalidad" y la necesidad de adecuación

normativa a los estándares internacionales

Merece ser puesto de resalto que la historia criminológica mundial nos ha demostrado que con posterioridad a la Convención para la Supresión del Tráfico de Personas y de la Explotación de la Prostitución Ajena, los traficantes o tratantes han demostrado presentar una lógica de "globalización de la ilegalidad" que se puede observar mediante sus nuevas formas de organización. A modo de ejemplo: la compra de novias por correspondencia y el turismo sexual. Específicamente, a mediados de la década de 1990, en el continente europeo se hicieron visibles situaciones que presentaban similitudes con el *modus operandi* de las antiguas redes de tratantes: arribaban a los países de Europa Occidental mujeres, trasladadas clandestinamente desde la ex URSS, que eran forzadas a prostituirse. Ante este cuadro de situación, los servicios de asistencia gubernamentales y diversas ONG de distintos continentes comenzaron a investigar y denunciar la existencia y sistematicidad de estos traslados, al igual que la coacción y la violencia evidenciada en la explotación sexual de las víctimas. Como el delito adquiría carácter internacional se demando la urgente intervención de los diferentes actores sociales nacionales y supranacionales.

Así llegamos a diciembre de 2000, donde 148 Estados de las Naciones Unidas concurrieron a la Conferencia celebrada en Palermo, Italia donde acordaron tres documentos centrales para diagnosticar y luchar contra la trata de personas –como nueva modalidad del crimen organizado– a saber:

• Convención de Naciones Unidas contra la Delincuencia Organizada Trasnacional ("Convención de Palermo") y dos de los protocolos adicionales que la complementan: El Protocolo para Prevenir, Reprimir y Sancionar la Trata de Personas, especialmente Mujeres y Niños ("Protocolo de Palermo") que entró en vigor el 25 de Diciembre de 2003. Según UNODC (2009: 8), ha sido "firmado por 117 países, además de tener 150 Estados Partes".

• El Protocolo contra el Tráfico Ilícito de Migrantes por Tierra, Mar y Aire.

El objetivo es aniquilar a las redes de la delincuencia organizada en todo el mundo, luchar contra la trata de seres humanos y la delincuencia transnacional, que han aumentado en relación con la globalización. Por lo tanto, se hace referencia a la trata de personas con fines de explotación sexual en todas sus formas, incluida la prostitución, el trabajo o los servicios que pueden resultar en la servidumbre, la esclavitud o la extracción forzada de órganos. Como ya se ha mencionado, mediante el establecimiento de normas internacionales en cuanto a lo que constituye la trata de personas, una lengua global y la legislación se define la trata de personas, especialmente de mujeres y niños. Además, destaca la importancia de ayudar a las víctimas y busca prevenir y sancionar el delito estableciendo parámetros para la cooperación judicial y el intercambio de información entre los países Para el alcanzar su propósito, se esfuerza por armonizar la legislación de los distintos Estados ("Protocolo de Palermo", 2003).

En este sentido, es de vital importancia que un número significativo de Estados ha ratificado la Convención de Palermo y sus protocolos adicionales, entre ellos: Argentina (Ley 25.632 de 2002), Brasil (2004), Paraguay (2004), Chile (2004) y Uruguay (2005). Además, desde 2003 hasta 2008 varios países han aprobado leyes para combatir la trata de personas en respuesta a la aplicación del "Protocolo de Palermo", que ha dado lugar a un aumento en el número de denuncias y organismos que participan en la persecución de estos delitos. Dentro de la legislación comparada de América Latina, Chile y Paraguay no incluyen sanciones por el delito de trata de personas, pero sí penalizar la entrada ilegal a sus países con fines de prostitución. Colombia, Ecuador y Perú penalizan la mendicidad como una forma de trata de personas. Por último, en Brasil, la explotación sexual y la esclavitud son penalizadas.

En este contexto, la Argentina sancionó y promulgó la Ley N ° 26.364 "Prevención y Sanción de la Trata de Personas y Asistencia a las Víctimas" (2008) que define el delito de trata de personas en los artículos 145 bis. y 145 ter. del Código Penal Argentino. La mencionada ley aumenta la pena, en el rango de 5 a 15 años, por el presunto delito de tráfico de migrantes (Ley N 25.871), cuando existe un peligro para la integridad de la vida, la salud o física de los migrantes. Esto proporciona una legislación específica que abarque todos los elementos del delito de trata de personas, tal como se define en las normas "Protocolo de Palermo".

Teniendo presente que el instrumento internacional, al establecer un vínculo entre la trata de personas con la delincuencia organizada internacional, le otorga al delito una naturaleza de tramitación compleja; la Argentina le ha otorgado competencia federal conforme al artículo 13 de la Ley No. 26.364 sobre Prevención y Sanción de la

Trata de Personas y Asistencia a sus Víctimas, el cual sustituye el inciso e) del apartado 1) del artículo 33 del Código Procesal Penal de la Nación.

Sin embargo, los delitos vinculados o "conexos a la trata" (reducción a la servidumbre, corrupción de menores, promoción y facilitación de la prostitución, y explotación de la prostitución ajena) siguen siendo competencia ordinaria de las provincias y, por ende, cuando un caso ingresa al sistema judicial las actuaciones quedan radicadas ante la justicia en lo criminal de la provincia donde ocurrieron los hechos o ante la justicia en lo criminal nacional, si se produjeron en el territorio de la Ciudad Autónoma de Buenos Aires. Asimismo, las investigaciones en los casos de Trata pueden requerir cooperación (pedidos de informes o realización de diligencias probatorias) de operadores judiciales o fuerzas policiales de jurisdicciones distintas a aquella ante la cual tramita la causa. Aquí nos encontramos ante una legislación deficiente en materia de cooperación que impone un sistema de reglas que se caracteriza por sus altos niveles de burocratización, teniendo como principal consecuencia un retardo excesivo en las respuestas de una jurisdicción a otra. A modo de ejemplo, una notificación o citación a una víctima o testigo que tienen domicilio en otra provincia puede tomar meses, lo que evidentemente no constituye un plazo razonable a los efectos de la investigación.

Aun cuando el "Protocolo de Palermo" solo se refiere a la trata de personas en el ámbito transnacional y en el marco de una situación de grupo de criminalidad organizada; la ley argentina, como la de otros países de la región, incorporan en sus Códigos Penales, tanto la trata internacional como la interna llevada a cabo por grupos criminales.

Intrínsecamente al catálogo de medios comisivos que enumera la norma se encuentran los vicios del consentimiento de la víctima (engaño, violencia, amenazas) y otros supuestos de voluntad doblegada de antemano dentro del marco de una restricción de su ámbito de determinación, como el abuso de autoridad, una situación de vulnerabilidad y la concesión o recepción de pagos o beneficios para obtener el consentimiento de una persona que tenga autoridad sobre la víctima para obtener el consentimiento de una persona que tenga autoridad sobre la víctima. En este sentido, como expreso el presente KUNARAC (2002, § 120) "[...] en los delitos que dan lugar a la esclavitud, hay una ausencia de consentimiento o voluntad de la persona que está siendo coaccionada". Por lo tanto, el consentimiento no se puede derivar de la mera manifestación de la víctima, sino más bien por una evaluación legal que incluye otros factores relacionados. Según BERGELESON (2007: 165) "El concepto de dignidad no se refiere al estado de ánimo subjetivo del autor o de la víctima, sino que tiene un carácter objetivo y se puede medir por el juez de la evaluación de la presencia de factores contribuyentes [...]".

Según el TPIY en el precedente PROSECUTOR vs. KRONJELAC (2002, § 193-195), hay ciertos hechos que denotan la falta de consentimiento y la presencia de la esclavitud, tales como: "el hacinamiento grave, las condiciones de higiene deplorables, alimentación insuficiente, la falta de libertad de movimiento, el maltrato físico, maltrato psicológico e inhumano vivir condiciones".

4. La condición de vulnerabilidad

En un somero análisis de la trata de personas en Argentina no se puede perder de vista el contenido de la vulnerabilidad como elemento normativo del tipo penal y sus implicancias. Existen causas y factores de riesgo de carácter estructural, así como otros de tipo circunstancial que propenden a que una persona pueda convertirse en víctima del delito de trata. La Oficina de Naciones Unidas contra la Droga y el Delito (ONUDD) en "An Introduction to Human Trafficking: Vulnerability, Impact andAction" (2008: 68), define el concepto de "vulnerabilidad" como una "condición que resulta de la forma en que los individuos experimentan negativamente la compleja interacción de los factores socio culturales, económicos, políticos y ambientales que conforman el contexto de sus respectivas comunidades". Asimismo, se propone elaborar indicadores de las condiciones de la vulnerabilidad en relación con los siguientes temas: niñez, género, pobreza, exclusión social y cultural, educación limitada, inestabilidad política, la guerra y los conflictos armados, los marcos sociales, culturales y jurídicos, el desplazamiento impuesto por coacción y la demanda" (ONUDD) en "An Introduction to Human Trafficking: Vulnerability, Impact andAction" (2008: 81-100).

En forma similar, los Estados reunidos en la XIV Cumbre Judicial Iberoamericana (2008: 61) la han precisado del siguiente modo: "Se consideran en condiciones de vulnerabilidad aquellas personas que por razón de su edad, género, estado físico o mental, o por circunstancias sociales, económicas, étnicas y/o culturales, encuentran especiales dificultades para ejercitar con plenitud ante el sistema de justicia los derechos reconocidos por el ordenamiento jurídico". Finalmente y con el propósito de sintetizar los parámetros precedentemente transcriptos, resulta adecuada la conceptualización incluida en las *100 Reglas de Brasilia sobre "Acceso a la Justicia de las Personas en condición de Vulnerabilidad"* (2008: 120-124), que delimita la situación de vulnerabilidad a las "especiales dificultades para rechazar la explotación a la cual las personas son sometidas" Entre las personas especialmente vulnerables, las *Reglas de Brasilia* identifican a los niños, ancianos, personas con discapacidades, integrantes de comunidades indígenas y los trabajadores migratorios.

Lo reseñado nos permite inferir que el abuso de una situación de vulnerabilidad es el medio coercitivo que engloba a la gran mayoría de los casos de trata de personas. Este medio comisivo puede presentarse en las diversas etapas del delito: el reclutamiento o secuestro, el traslado (ya sea dentro de un mismo país, o entre diferentes países), la recepción y alojamiento de la víctima en el lugar de destino, y su explotación en un contexto de amenazas, engaño, coacción y violencia. Esta secuencia de acciones es llevada a cabo por redes o asociaciones criminales que identifican y reclutan a las futuras víctimas; organizan, gestionan y financian su traslado; son dueños, administradores o regentes de los lugares donde las explotan o alquilan a las víctimas a terceros a cambio de una renta. Los tratantes se aseguran mediante amenazas, engaños, deudas, etc. que las víctimas no puedan –o crean que no pueden– salir de su situación de esclavitud. En general, los tratantes retienen los documentos de las víctimas como una forma más de coacción y, en el caso de extranjeros y extranjeras, les amenazan con la deportación o la cárcel. Al respecto, se propone la siguiente definición legislativa: En el abuso de una condición de vulnerabilidad , el autor cree que las víctimas no tienen una alternativa razonable a someterse al trabajo o servicio por él demandado, e incluye: tomar ventaja de las vulnerabilidades resultantes de la persona que ingresa ilegalmente al país o sin la documentación apropiada, de un embarazo o cualquier enfermedad o discapacidad física o mental de la persona, incluyendo adicciones al uso de alguna sustancia, o capacidad reducida de formar juicios en virtud de ser un niño (ONUDD, *Manual para la lucha contra la trata de personas*, 2007).

En el delito de la trata de personas pueden identificarse conceptos que definen las relaciones de las sociedades latinoamericanas, en general, y de la Argentina, en particular. Básicamente, las estructuras patriarcales y la distribución del poder, la desigualdad, la violencia de género, la pobreza, la inseguridad están entre las más destacadas causas estructurales en los cuales se enmarca la problemática. Una investigación reciente sobre la trata de mujeres con fines de explotación sexual, en la Argentina, revela que: La pobreza estructural, las desigualdades sociales, la discriminación por género, las migraciones son algunas de las causas principales que reproducen este fenómeno, del cual la mayor parte de sus víctimas son mujeres y niñas, quienes ante la posibilidad de obtener una mejora en sus condiciones sociales y personales aceptan ofertas de trabajo engañosas, migrando a lugares alejados de sus orígenes, y rompiendo con todas sus redes familiares y de contención. Esta situación es propicia para las redes de delincuencia organizada, por cuanto facilita su crecimiento y expansión de las redes de explotación. Se ha verificado un predominio de la trata interna de mujeres, cuyas edades oscilan entre los 18 a 35 años, provenientes de provincias con mayor desigualdad social, como lo son Misiones, Corrientes, Chaco, Santa Fe, Entre Ríos, Tucumán, Salta, Formosa. Los lugares de destino para su explotación son las provincias de Buenos Aires, Córdoba, La Pampa, Chubut, Santa Cruz y Tierra del Fuego. La trata internacional está compuesta, sobre todo, de mujeres de nacionalidad paraguaya que suelen ingresar, en la mayoría de los casos, por las provincias de Misiones y Entre Ríos para ser trasladadas, al igual que en el supuesto de trata interna, hacia las provincias de mayor poder adquisitivo que se encuentran situadas en el centro y sur del país (Reunión especializada de la Mujer y Ministerio de Relaciones Exteriores, Comercio Internacional y Culto, Presidencia de la Nación. Informe Final de Trata de Mujeres con fines de Explotación Sexual Comercial. Proyecto Fortalecimiento de la Institucionalidad y la Perspectiva de Género en el MERCOSUR, 2011).

Al respecto, considero superlativo no perder de vista el enfoque de género y vulnerabilidad al leer estos datos empíricos, nacionales e internacionales. Ello nos exhorta a tener presente, al momento de identificar una víctima sus circunstancias estructurales y personales, es decir, los factores de género, la condición de migrante, los antecedentes culturales, etc.

Conviene recordar que puede haber explotación sin trata, pero no a la inversa. Desde la política de seguridad, la trata y la explotación sexual, son un problema criminal inescindible. Sin embargo, observo como grave déficit que en la Argentina, la política criminal se enfoca casi exclusivamente en la primera. Según PORTERIE SIDONIE (2012: 3) "una política criminal concentrada sólo en una dimensión del fenómeno (la trata) provoca importantes distorsiones para la política en sí y también en torno al fenómeno criminal en cuestión".

5. El enfoque multi-institucional de la problemática

Dadas las características complejas de la problemática, estimo que toda iniciativa para combatir la trata de personas debe promover un enfoque multi-institucional, con el fin de que se atiendan las necesidades de las víctimas y se apoyen las medidas de cumplimiento de la ley. La

Argentina ha realizado esfuerzos en este sentido, creado en el ámbito de los distintos organismos del Gobierno Nacional y Provincial, instituciones para el enfrentamiento, investigación, prevención del delito y tratamiento a sus víctimas, a saber:

a) El aspecto internacional se encuentra delegado en el Ministerio de Relaciones Exteriores y Culto. Las solicitudes de asistencia son transmitidas por vía diplomática o a través de las respectivas autoridades centrales y deben librarse de acuerdo a lo establecido en cada Tratado o Convenio –se encuentran en vigencia un número importante de tratados de asistencia bilaterales y regionales–. En caso de inexistencia de los mismos se procede de conformidad a lo previsto en la legislación interna conforme lo establecido por la Ley 24.767, Art.2 de Cooperación Internacional en Materia Penal. Los mecanismos de colaboración para la investigación de delitos, también, se activan por medio de los canales diplomáticos a través de la Dirección de Asistencia Internacional (Decreto N° 270/2000), conforme lo determina la Convención de Viena sobre Relaciones Diplomáticas (Art. 41 inc. 2 - Dto./ley 7.672 del 13/9/63) y la Ley de Ministerios (Art. 71 inc. 4 - Ley 22.520 mod. por Ley 24.190). Además, la Organización Internacional para las Migraciones (OIM), a través de su Proyecto de Asistencia a Víctimas de Trata (AVOT) con cobertura en los países del Cono Sur, atiende en Argentina, a las víctimas de trata. Su trabajo ha permitido constatar un incremento constante de mujeres jóvenes víctimas de *trata,* principalmente, con fines de explotación sexual. Este Programa tiene como contrapartes a los gobiernos de la región a través de sus Ministerios de Justicia, Oficinas de Asistencia a las Víctimas, Ministerios del Interior, Ministerios de Relaciones Exteriores, Secretarías de la Mujer, Ministerios Públicos Fiscales y Poder Judicial, Defensorías del Pueblo y organizaciones de la sociedad civil.

b) El ámbito interno se encuentra a cargo de la Procuración General de la Nación, la cual divulgo en el "Informe Anual de 2009", que el Norte Argentino se presenta como la región de mayor captación o reclutamiento de personas (mayormente mujeres) con fines de explotación sexual; constituyéndose, a su vez, en área de paso o transporte de personas (principalmente hombres) destinadas a la explotación laboral.

54

Asimismo, la Unidad Fiscal de Asistencia en Secuestros Extorsivos y Trata de Personas (UFASE), dependiente del Ministerio Público Fiscal de la Nación Argentina, también realiza informes anuales sobre su desempeño referidos al número de investigaciones preliminares y expedientes en colaboración que se realizan en cada periodo. Por su parte, el Ministerio del Interior, ha designado a la Dirección Nacional de Migraciones como un punto focal contra la trata. El Ministerio de Desarrollo Social ha creado en su seno áreas dedicadas al delito de trata, mientras que el Ministerio de Seguridad que ha instruido a los funcionarios de las diversas fuerzas a fin de que se especialicen en el tema, creen protocolos y desarrollen áreas especificas.

c) Con el propósito de velar por las víctimas, el Ministerio de Justicia y Derechos Humanos de la Nación tiene bajo su dependencia a la Oficina de Rescate y Acompañamiento a las Personas Damnificadas por el Delito de Trata. Resulta relevante destacar que, desde la sanción de la Ley Nacional N° 26.364 (abril de 2008) hasta diciembre de 2011, ha rescatado 2.753 víctimas (402 menores-20%- y 2.351 mayores de edad - 80%-). En términos generales, esa distribución porcentual se ha mantenido cada año. Asimismo, la Oficina de Asistencia Integral a la Víctima del Delito (OFAVI), dependiente de la Procuración General de la Nación asiste a víctimas de Trata y se complementa con el programa de asistencia de la Organización Internacional para las Migraciones (OIM) y de otros organismos nacionales, provinciales o municipales. Pese a ello, no existen programas de asistencia a víctimas de Trata de mediano o largo plazo. Únicamente la OIM está desarrollando tareas de reinserción de las víctimas, en algunos casos en coordinación con organismos estatales y en otros con la cooperación de organizaciones de la sociedad civil. En términos generales, solo se provee asistencia de emergencia a las víctimas, tomando contacto con los familiares de esta y proporcionando los recursos necesarios, en los procesos de retorno a la provincia o país de origen. Sin embargo, tras el retorno, las víctimas quedan libradas a su suerte o a la buena voluntad de instituciones locales públicas o no gubernamentales que se interesen por brindarles asistencia de algún tipo. No se respeta el derecho a la reparación de las víctimas, a pesar de que algunas se encuentren enfermas como consecuencia de la explotación sufrida –por ejemplo con SIDA– o se hallen en situación de pobreza extrema. Así, las víctimas suelen encontrarse indefensas, sobre todo ante los reclutadores que, difícilmente, son alcanzados por el sistema penal. La inexistencia de programas de mediano y largo plazo de asistencia a víctimas de Trata se ve agravada por el hecho de que en la Argentina actualmente la legislación no contempla programas de protección de testigos salvo para casos de narcotráfico. Al no recibir ningún tipo de garantía por parte del Estado, las víctimas se muestran reacias a declarar contra los tratantes, en muchos casos por miedo a sufrir algún tipo de represalia.

6. La relevancia del cliente en la trata con fines de explotación sexual

Por otra parte, se reconocen tres niveles de demanda en relación con la trata de personas: a) la demanda que proviene del empleador (empleadores, propietarios, gestores o subcontratistas), b) la del consumidor o clientes de las prostitutas, de los empresarios (en las manufacturas), de los miembros del hogar (en el trabajo doméstico), y c) la de terceros involucrados en el proceso (reclutadores, agentes, transportistas y otras personas que participan a sabiendas en el traslado de personas con fines de explotación) ("Iniciativa Mundial de las Naciones Unidas para luchar contra la trata de personas" –UN. GIFT–, 2010).

En marzo del año 2009, la Argentina con la participación de Uruguay, recibió a la OEA y a los representantes de los diversos países para llevar adelante la "Segunda Reunión de Autoridades Nacionales en Materia de Trata de Personas". En esa oportunidad se logró la incorporación de la figura del "cliente", que quedó registrada de la siguiente manera en el documento final del Consejo Permanente de la Organización de Estados Americanos (OEA) Comisión de Seguridad Hemisférica (2009, Recomendación 46). "Promover acciones que contribuyan a visualizar la acción negativa del denominado cliente o usuario, en tanto es quien alimenta el círculo de explotación sexual y tiene responsabilidad en la generación de la demanda de trata de personas para propósitos de explotación sexual". El hecho quedó rubricado el 7 de mayo de 2010, en la "Declaración de Buenos Aires", en el ámbito de las Reuniones de Ministros de Justicia y del Interior del Mercado Común del Sur (MERCOSUR) y Estados Asociados. La iniciativa argentina también recibió el respaldo unánime de los países participantes del "19° Período de Sesiones de la Comisión de

Prevención del Delito y Justicia Penal" (ONU, 2010: 55), que retoma la expresión modificada en el 2009. El documento aprobado en esa ocasión, exhorta a los gobiernos a que "mejoren las medidas preventivas y desalienten la demanda que fomenta la explotación en todas sus formas y conduce a la trata de personas", que es la forma contemporánea de la esclavitud".

Asimismo, durante la "Octava Reunión de Ministros de Justicia u otros Ministros, Procuradores o Fiscales Generales de las Américas (2010: 10), los Estados participantes afirmaron que las manifestaciones concretas de este delito constituyen una amenaza para los ciudadanos, la democracia y el desarrollo de los países; por lo que era de vital importancia "considerar, en el marco de sus respectivas legislaciones nacionales, la penalización u otras medidas que resulten apropiadas, del denominado cliente, consumidor o usuario de la trata con fines de explotación sexual, así como otras formas de explotación de personas".

Siguiendo esta línea, el PEN mediante Decreto 936 del 6 de julio de 2011(Boletín Oficial, año CXIX, número 32.185) prohíbe "los avisos que promuevan la oferta sexual [...] por cualquier medio, con la finalidad de prevenir el delito de trata de personas con fines de explotación sexual y la paulatina eliminación de las formas de discriminación de las mujeres". Para lograrlo, se deben arbitrar las medidas necesarias para promover la erradicación de la difusión de mensajes e imágenes que estimulen o fomenten la explotación sexual de personas en medios masivos de comunicación y, en especial, los avisos de la prensa escrita, que pueden derivar en una posible captación de víctimas de trata de personas. Además de estar en consonancia con los diversos tratados internacionales suscriptos por la Argentina, se sustenta en la Ley contra la Trata de Personas, la Ley de Servicios de Comunicación Audiovisual y la Ley Integral para Prevenir, Sancionar y Erradicar la Violencia contra las Mujeres. Junto a esta prohibición, se creó la "Oficina de Monitoreo de Publicación de Avisos de oferta de Comercio Sexual", que funciona en el ámbito del Ministerio de Justicia y Derechos Humanos, cuya tarea es analizar los medios gráficos para verificar el cumplimiento de la norma e imponer sanciones a quienes la desconozcan. La relevancia de este decreto está dada por el hecho de que no pretende subvalorar la importancia del rol que ocupa el cliente en esta cadena de explotación, es decir, "Sin cliente, no hay trata". En este sentido, los clientes son parte de las organizaciones de tratantes, o al menos son cómplices. En el caso de la trata de personas con fines de explotación sexual, los clientes son hombres, que pagan para acceder a las mujeres, niñas, niños y adolescentes. Con el propósito que sostiene GILBERTI (2011: 1), es decir, "para su explotación sexual a través de la prostitución, pornografía, turismo sexual u otras modalidades".

Resulta pertinente observar la acción negativa del "cliente" como el principal responsable de la cadena de la explotación en el mercado sexual y castigar su conducta, como un paso decisivo hacia la lucha contra este delito. Lamentablemente, en Argentina sólo existen proyectos de ley -en estudio- que pretenden imponer sanciones penales o de otro tipo a los consumidores que deliberada o voluntariamente utilizan los servicios de las víctimas. En este sentido, resulta loable recurrir al derecho comparado: el modelo sueco, es pionero ya que desde el 1 de enero de 1999, tiene una ley que condena al cliente o usuario de servicios sexuales. Además, el castigo de "el usuario de servicios sexuales" está incluido en las leyes de Perú, Dinamarca, Macedonia, Filipinas y Grecia (ULLOA ZIÁURRIZ, 2005: 26-31).

7. Los casos de corrupción

Cabe destacar que en Argentina la complicidad de algunos miembros de las fuerzas de seguridad en el proceso de la trata de personas constituye uno de los mayores obstáculos que enfrenta el sistema judicial cuando se intenta perseguir penalmente a los autores de estos crímenes. Como ha documentado la jurisprudencia de Chubut (2011, caso 1710) "la forma más frecuente de la complicidad de la policía son las "protecciones garantizadas a los burdeles a cambio del pago regular de una contraprestación pecuniaria". Sumado a ello, la policía a menudo recibe especies como forma de pago, es decir, "bebidas, comidas y acceso gratuito a los servicios de las mujeres que trabajan en el burdel". Hay casos en los que la policía proporciona "advertencia anticipada sobre la fecha en la que se realizará una inspección o allanamiento". Este comportamiento cómplice ha dado lugar a casos en los que el poder judicial ha tenido que retirar a la policía local y convocar a las fuerzas federales de seguridad, la Gendarmería Nacional o la Prefectura Naval, para intervenir en la investigación y la ejecución de las órdenes de allanamiento.

8. Conclusiones del Reporte 201 respecto de la Argentina

A modo de cierre, juzgo oportuno mencionar algunos pasajes del Reporte 201 del Departamento de Estado de los Estados Unidos de América - Informe sobre Trata de Personas Según el Reporte 201 (2012: 3) "[…] hay cerca de 27 millones de personas esclavizadas para trabajar o para la industria sexual".

Entre los 186 Estados estudiados, se encuentra la Argentina.

Dentro del capítulo especifico, se volvió a ubicar a la Argentina en el NIVEL 2 (Países cuyos gobiernos no cumplen plenamente con las normas mínimas de la TVPA pero que hacen esfuerzos considerables para cumplirlas). Sin embargo, se hace mención a la tarea del Ministerio de Seguridad local, pero se advierte que no se cumple "con el estándar mínimo" para la erradicación. En este sentido, reconoce el significativo esfuerzo del gobierno para combatir el tráfico, mencionando el récord durante 2011 de víctimas rescatadas y el aumento en las condenas para los explotadores, al tiempo que se destacan los protocolos instaurados para coordinar la lucha, la capacitación a funcionarios y efectivos de las distintas fuerzas y la labor realizada en los refugios para la contención. Hace mención a que, en 2011, se han condenado a 19 personas relacionadas con el delito de trata de personas, además de existir 167 procesamientos en curso y haberse realizado 196 investigaciones preliminares. Pese a ello, destaca que los servicios especializados para las víctimas de la trata continúan siendo dispares en todo el país; la superposición de competencias y la falta de coordinación entre las autoridades federales y provinciales causaron demoras en algunas investigaciones y la significativa cantidad de manifestaciones que dan cuenta de la supuesta complicidad de algunos funcionarios de gobierno en el ámbito local y nacional impidieron avances más sustantivos en la lucha contra la trata. Agrega que la Argentina es un país "de origen, tránsito y destino de niños, mujeres y hombres utilizados para la trata sexual y el trabajo forzoso", puntualizando que "muchas de las víctimas de tráfico sexual provienen de zonas rurales o provincias del norte para ser explotadas en centros urbanos o provincias más ricas". Especifica que "un número significativo de victimas provienen de Paraguay, Bolivia, Perú y, en menor medida, de República Dominicana". Otra relevante cantidad de ciudadanos bolivianos, paraguayos y peruanos, así como argentinos de las zonas más pobres del país son sometidos a trabajos forzados en talleres clandestinos, en la agricultura, y en el trabajo doméstico". Asimismo, advierte que distintos reportes sostienen que podrían existir características de explotación en la venta callejera y en la mendicidad (Reporte 201, 2012, Narraciones país A-C: 10 y 11).

Também puntualiza que Argentina es un punto de tránsito para mujeres y niñas extranjeras traficadas para su explotación sexual en Chile, Brasil, México y Europa Occidental, precisando que también se cuentan casos con víctimas argentinas llevadas al exterior. (Reporte 201, 2012, Narraciones país A-C: 11).

Como nota a tener en cuenta por los legisladores, alerta sobre la carencia de prohibición en el Código Penal argentino del turismo sexual infantil –amen de existir la prohibición de mantener sexo con menores–. Al respecto, señala la ausencia de investigación, proceso o condena por esta clase de delito (Reporte 201, 2012, Narraciones país A-C: 12).

Como arista positiva, dentro del TIP Report Héroes (Report 201, 2012: 17) se realiza una distinción a la labor de Marcelo Colombo, titular de la UFASE: "[...] ha influido profundamente en la lucha contra la trata de personas en Argentina, incluyendo la primera condena, por este delito, en noviembre de 2009 [...] Tomó una posición pública contra la complicidad oficial en la trata de personas, acuso a 75 agentes de la policía federal [...]"

II. CONCLUSIONES

Particularmente, estimo que las carencias generadoras de crítica internacional podrían ser solucionadas, con voluntad política, en el mediano o corto plazo.

Desde el punto de vista de la política de seguridad se puede identificar la problematización de la trata sexual en un contexto de invisiblización y ausencia de lineamientos político criminales sobre la explotación sexual. Teniendo presente que el verdadero problema criminal es la explotación sexual en sus diferentes manifestaciones, se hace necesario generar nuevas capacidades a fin de diseñar, implementar y evaluar una política criminal para la explotación sexual, y en ese marco darle lugar y entidad a una política criminal subsidiaria en materia de trata. De esta forma se podría ganar en eficacia en la prevención y persecución del delito de trata –y conexos– replanteado las estrategias de intervención y evitando reproducir viejas lógicas de delegación de la política de seguridad en las agencias policiales. De lo contrario, la política pública contra la trata y la explotación sexual seguirá en un híbrido por el que se visibilizan los "excesos" (o formas más abusivas), pero no se erradica la explotación ni los negocios –directos e indirectos– que de esta se desprenden. Según, Porterie SIDONIE (2012: 5) "Vale, entonces, reconocer que la ineficacia de las políticas de seguridad no es un problema estrictamente policial sino –y fundamentalmente– de gobierno".

Por otra parte, se debería bregar por incrementar la calidad y cantidad de trabajo de todas las áreas estatales involucradas. La distinción a Marcelo Colombo demuestra que a diario se puede mejorar el servicio de justicia que se brinda a la población y que se presenta internacionalmente. En este sentido, sería deseable que la justicia Argentina durante este año logre condenar –o al menos procesar– a alguno de los funcionarios públicos involucrados en los expedientes de trata de personas. Asimismo, que se tienda a la eficacia y eficiencia judicial para resolver en un plazo razonable las solicitudes y causas cuando existe superposición de competencias. También es necesario crear los Programas de mediano y largo plazo de asistencia, protección y reparación a las víctimas, mediante un trabajo interdisciplinario que cuente con los recursos económicos necesarios provenientes del Estado, de las ONGs relacionadas con el tema y de la sociedad civil solidaria.

En cuanto a la "ingeniería legislativas", se hace necesaria la incorporación de la figura del "testigo protegido" para esclarecer casos de trata. Asimismo, sería deseable la inmediata incorporación al Código Penal Argentino de la punición al consumidor de turismo sexual infantil. Finalmente, con el propósito de terminar con la demanda del "cliente" –actor vital en el circuito de trata– se debería sancionar su conducta con una multa de gran valor pecuniario que lo persuada de desistir de su accionar. En este sentido, se podría recurrir al derecho comparado para imitar los modelos exitosos en la materia. Todos los cambios mencionados se podrían incluir en el proceso de reforma y codificación que se está llevando a cabo, actualmente, en la Argentina.

Considero que la Argentina debería honrar que se celebra el Día Internacional contra la Trata de Personas, el 23 de septiembre, fecha de la sanción de la Ley 9.143, creada y propulsada por el Dr. Alfredo PALACIOS, quien a comienzos del Siglo XX busco acabar con la trata de mujeres en los prostíbulos locales. Hoy, cien años después, la Argentina cuenta con la Ley 26.364 –sancionada en 2008– que retomando el espíritu protector de su predecesora y en consonancia con el Protocolo de Palermo, pretende actualizar las medidas destinadas a prevenir y sancionar la trata de personas, asistir y proteger a sus víctimas, teniendo en cuenta el contexto actual en donde, lamentablemente, el tráfico humano lejos de desaparecer constituye un delito de preocupación mundial por haberse transformado en la esclavitud del Siglo XXI.

III. BIBLIOGRAFÍA

ACNUR (2006). 62º período de sesiones, Tema 12 a) del programa provisional. ERTURK, J, "Informe de la Relatora Especial sobre la violencia contra la mujer, sus causas y consecuencias" (págs. 6-11). Disponible en www.acnur.org/secciones/index.php?viewCat=265

ACNUR- UNHCR (2009). BHABHA, J y ALFIREV, C (Consultoras

externas), "Política Legal y de Protección". Identificación y derivación de las personas víctimas de trata a los procedimientos para la determinación de las necesidades de protección internacional (Cap.3, pags.25-36), Ginebra, Suiza. Disponible en http://www.refworld.org/cgi-bin/texis/vtx/rwmain/opendocpdf.pdf?reldoc=y&docid=4af98bfe2

BERGELSON, V. (2007). "The right to be hurt testing the boundaries of consent", George Washington Law Review, (Papers No. 011, Vol. 75, p. 165), Washington DC, EEUU, Rutgers School of Law-Newark Research.

Comité de la CEDAW (1992). "Recomendación General no 19: La violencia contra la mujer". 11 periodo de sesiones, A/47/38 (Arts. 6, 14), University of Minessota, Human Right Library, Disponible en http://www1.umn.edu/humanrts/gencomm/Sgeneral19.htm

"Conferencia Mundial de la Coalición contra el Tráfico", en coordinación con la "Conferencia de Mujeres" (1999). Dhaka, Bangladesh disponible en ayuntamiento.cuenca.es/.../fileDownload.aspx?...

Constitución Argentina (1860). Reforma, (art.15, pag.4), disponible en http://www.oni.escuelas.edu.ar/olimpi98/Histon@utaS/Constituci%C3%B3n%20Nacional/60/1860a.htm

Constitución de la Confederación Argentina (1853), (art. 15, pág. 4) disponible en http://www.bcnbib.gov.ar/novedades/constituciondelaconfederacionargentina1853.pdf

Convención sobre la Esclavitud (1926). Ginebra, Suiza. Disponible en www2.ohchr.org/spanish/law/esclavitud.htm).

Convenio para la Represión de la Trata de Personas y de la Explotación de la Prostitución Ajena, (1949) adoptado por la Asamblea General en su resolución 317 (IV). Disponible en www.unodc.org/.../Handbook_for_Parliamentarians

Estatuto de la Corte Penal Internacional (1998). Naciones Unidas, Documento A/CONF.183/9, (Articulo 7-1-c), Roma, Italia. Disponible en legal.un.org/icc/statute/spanish/rome_statute(s).pdf

GIBERTI, E. (2011), "El cliente de trata" en Diario Página 12 (pag.1), Bs.As., Argentina, disponible en *www.pagina12.com.ar/.../13-6256-2011-01-14.html*.

Jurisprudencia en el Caso 1710 (2011). En OIM (Organización Internacional para las Migraciones), "Informe sobre el Tratamiento judicial en los casos de trata" (paginas 5,9, 19 y 20), Argentina. Disponible en www.abrepuertas.inecip.org/.../Bueno_-_Investigacion...

Las 100 Reglas de Brasilia (2008). En el XVI Encuentro Judicial Interamericano (3 al 6 de marzo 2008, pag.120-124), Brasilia, Brasil. Disponible en http://www.aidef.org/wtksite/downloads/100_regras_doc_integrad o.pdf

Ley no 26364 (2008) de "Prevención y Sanción de la trata de personas y asistencia a sus víctimas". Boletín Oficial Argentina (30/04/08). Disponible en www.infoleg.gov.ar/infolegInternet/.../norma.htm

MERCOSUR (2011). Reunión especializada de la Mujer e Informe Final de Trata de Mujeres con fines de Explotación Sexual Comercial. Proyecto Fortalecimiento de la Institucionalidad y la Perspectiva de Género, Lic. Liliana RUSSO Dra. Laura SARDA, (págs. 164 a 166), Argentina, Ministerio de Asuntos Exteriores y Cooperación/ Caecid. Disponible en . www.mercosurmujeres.org/Trata/Argentina.

OEA, Asamblea General, Informe anual (2012), (pág. 68). Disponible en http://www.oas.org/es/centro_informacion/informe_anual.asp

OEA, Comisión Interamericana de Derechos Humanos (1996), Caso 10.970. Informe No 5/96 "Martin de Mejía, Raquel Vs Perú"(Seccion V,2a), Universidad de Minessota, Librería de Derechos Humanos, Disponible en http://www1.umn.edu/humanrts/cases/1996/peru5-96.htm

OEA, Comité de la CEDAW, (2004). Recomendación General No. 25 (págs. 10-12). Disponible en www.un.org/.../cedaw/.../General%20recommendation.

OEA, Conclusiones y Recomendaciones de la "Segunda Reunión de Autoridades Nacionales en Materia de Trata de Personas" (2009). Del *Consejo Permanente* de la OEA, *Comisión de Seguridad Hemisférica*, (25 al 27 de marzo), Recomendación N46, Buenos Aires, Argentina. Disponible en http://www.oas.org/CSH/spanish/tratapersonas.asp

OEA, "Convención Interamericana para Prevenir, Sancionar y Erradicar la Violencia contra la Mujer" (1994), (Arts. 1y XX, b, c), Belém do Pará, Brasil. Disponible en www.oas.org/juridico/spanish/tratados/a-61.html

OEA, Corte Interamericana a de Derechos Humanos, Caso "González y otras ("Campo Algodonero") contra México", sentencia (16 de noviembre de 2009). Excepción Preliminar, Fondo, Reparaciones y Costas, (pags.11-19), Washington DC, EEUU. Disponible en http://www.corteidh.or.cr/docs/casos/articulos/seriec_205_esp.pdf

OEA, "Octava Reunión de Ministros de Justicia u otros Ministros, Procuradores o Fiscales Generales de las Américas (24 al 26 de febrero de 2010), (pag.10), Brasilia, Brasil. Disponible en http://www.oas.org/juridico/spanish/agres_2462.pdf

OEA, "Sección contra la Trata de personas" (2012). Disponible en http://www.oas.org/atip/atipESP_AbouUs.asp

OIT, "Convenio N° 29 sobre el Trabajo Forzoso" (1930),(pag.1) "Convenio N° 97 sobre los trabajadores migrantes" (1949) (pag.1); "Convenio Nª 105 sobre la Abolición del Trabajo Forzoso" (1957) (pag.1);"Convenio N° 138 sobre la edad mínima" (1973) (pag.1);"Convenio Nª 182 (2000) (Art. 3, a, b, pag.2) sobre las peores formas de Trabajo Infantil", Ginebra, Suiza. Disponibles en www.ilo.org/ilolex/cgi-lex/convds.pl?C029

ONU, Asamblea General (1996) decidió que el 02 de diciembre sea designado como el "Día Internacional para la Abolición de la Esclavitud", Nueva York, EEUU. Disponible en www.un.org/es/events/slaveryabolitionday/

ONU, Asamblea General (2000), Resolución 55/25 (15 de noviembre), subscripción a la Convención de Naciones Unidas contra la Delincuencia Organizada Trasnacional ("Convención de Palermo") y el Protocolo para Prevenir, Reprimir y Sancionar la Trata de Personas, especialmente Mujeres y Niños ("Protocolo de Palermo") y el Protocolo contra el Tráfico Ilícito de Migrantes por Tierra, Mar y Aire, Diciembre 2000, Palermo, Italia. Disponible en http://www.unodc.org/documents/treaties/UNTOC/Publications/TOC%20Convention/TOCebook-s.pdf

ONU, Comisión de la Condición Jurídica y Social de la Mujer (2005). Informe sobre el 49° período de sesiones -(28 de febrero a 11 y 22 de marzo), Suplemento No. 27. (E/2005/27-E/CN.6/2005/11).y Resolución 49/2 "Eliminación de la demanda de mujeres y niñas que son objeto de trata con fines de explotación (pag.4), Nueva York, EEUU. Disponible en www.un.org/spanish/events/beijing10/

ONU, "Convención Internacional sobre la Protección de los Derechos de Todos los Trabajadores Migratorios y de sus Familiares" (1990), Res. 45/158, (18 de diciembre), (pag.2), Nueva York, EEUU. Disponible en www2.ohchr.org/spanish/law/cmw.htm

ONU (2010). "Iniciativa mundial de las Naciones Unidas para luchar contra la trata de personas (UN.GIFT), Viena, Austria. Disponible en https://cms.unov.org/.../GetDocInOriginalFormat.drsx?DocID...2 a28...

ONU, TPIY (2002). Caso n° IT96 23, /1A, sentencia del Tribunal de

Apelaciones (pág. 33 y párrafo 120). Disponible en http://www.icty.org/x/cases/kunarac/acjug/en/kun-aj020612e.pdf

ONU, TPIY (2002). Caso N IT-97-25. (Parrafos193-195). Disponible en www.icty.org/x/cases/krnojelac/tjug/en/krn-tj020315e.pdf

ONU (2010). "19° Período de Sesiones de la Comisión de Prevención del Delito y Justicia Penal" (17 al 21 de mayo), (pag.55), Viena, Austria. Disponible en https://www.unodc.org/unodc/en/commissions/CCPCJ/session/19. html

ONUDD (2008). "An Introduction to Human Trafficking: Vulnerability, Impact andAction" (págs. 68 y 81-100), New York, EEUU. Disponible en http://www.unodc.org/documents/humantrafficking/An_Introduction_to_Human_Trafficking_-_Background_Paper.pdf

ONUDD (2009). "Manual para la lucha contra la Trata de Personas" (Capitulo 3, pag.112), New York, EEUU. Disponible en www.unodc.org/documents/human.../07-89378_spanish_E-Book.pdf

ONUDD (2007). "Manual para la lucha contra la Trata de Personas", Nueva York, EEUU. Disponible en www.unodc.org/pdf/Trafficking_toolkit_Spanish.pdf

Poder Ejecutivo Nacional de Argentina, Decreto 936 (2011). Boletín Oficial (año CXIX número 32.185), Buenos Aires, Argentina. Disponible en www.cnm.gov.ar/Noticias/BoletinOficial.pdf

PORTERIE SIDONIE, M. (2012). "La política de seguridad ante el análisis de problemas criminales concretos: trata y explotación sexual" en la revista Voces en el Fénix, (págs. 3 y 5). Disponible en http://www.vocesenelfenix.com/sites/default/files/pdf/12_5.pdf

Proclamación de la Emancipación en EEUU (1863). La primera, presentada el 22 de septiembre de 1862, establecía la libertad de todos los esclavos en la totalidad de los estados de los Estados Confederados de América. La segunda orden, presentada el 1 de enero de 1863, enumeraba diez estados específicos donde se aplicaría. Disponible en www.wdl.org/es/item/2714.

RAMONET, I. (2011). "Esclavos en Europa" en Le Monde Diplomatique, N 189. Disponible en www.monde-diplomatique.es

Reporte 201 (2012). Departamento de Estado de los Estados Unidos de América- Informe sobre Trata de Personas (pag.3; Narraciones país A-C, págs. 10-12; TIP ReportHéroes, pag.17). Disponible en www.state.gov/documents/organization/195803.pdf

ULLOA ZIÁURRIZ, T. (2005). "La explotación sexual y la trata de mujeres y niñas en América Latina, en el Caribe", exposición sobre la mujer y la violencia de reuniones, (pags.26-31), Madrid, España.

UNESCO (1998). "Día Internacional del Recuerdo de la Trata de Esclavos y de su Abolición" Esa fecha fue escogida y adoptada por el Consejo Ejecutivo en la Resolución 29 C/40, en su 29 ª Reunión. Circular CL/3494 de los Ministros y el Director General de Cultura que invitó a promover el día, Paris, Francia. Disponible en www.unesco.org/.../dialogue/.../23-august-international-day-for-the-rem

UNODC (2010). "La Lucha contra la Trata de Personas", Manual para parlamentarios. Disponible en http://www.unodc.org/documents/human-trafficking/Handbook_for_Parliamentarians_Spanish.pdf

UNODC (2009). Signatories to the Trafficking Protocol, (peg 8). Disponible en www.unodc.org/unodc/en/.../CTOC/countrylist-traffickingprotocol.html

USI, E (2007). "Trata de blancas: la moderna esclavitud" en Deutche Welle, Bonn, Alemania. Disponible en www.dw.de/dw/article/0,2554076,00.html

XIV Cumbre Judicial Iberoamericana (2008), Reglas básicas relacionadas con el acceso a la justicia de las personas en condiciones de vulnerabilidad (pag.61). La Corte Suprema de Justicia de la Nación Argentina ha adherido a estas reglas (acordada 5, 24 de febrero de2009). Disponible en http://www.aidef.org/wtksite/downloads/100_regras_doc_

IV

LA INVESTIGACIÓN Y PREVENCIÓN DE LA CRIMINALIDAD ORGANIZADA

WAEL HIKAL[11]
MÉXICO

1. LA CRIMINALIDAD ORGANIZADA: EL NEGOCIO INTERNACIONAL — 2. INVESTIGACIÓN — 3. PERSECUSIÓN Y PREVENCIÓN — 4. BIBLIOGRAFÍA.

1. LA CRIMINALIDAD ORGANIZADA: EL NEGOCIO INTERNACIONAL

La criminalidad organizada o también llamada delincuencia organizada no es un fenómeno espontáneo. Siempre existen grupos de personas que como su nombre lo dice, la organizan. La violencia delictiva puede considerarse como la expresión de un serio y complicado malestar social con repercusiones hacia la misma sociedad y a la ley penal. En todos los países del mundo y en todas las épocas de la historia ha habido crímenes. La delincuencia organizada es una conducta exclusivamente humana que no se observa en otros seres vivos, en los que la agresión se limita a la necesidad para alimentarse y defender a la especie y el territorio.

Para entender bien qué es la criminalidad organizada, habrá primero que definir su concepto, ésta es la agrupación de tres o más personas que se organizan para delinquir. El término de delincuencia organizada se puede confundir con el de pandilla; pero ésta, es la reunión de tres o más personas que, sin estar organizadas para delinquir, de pronto lo hacen.

La criminalidad organizada está caracterizada por la ejecución de actos desarrollados por una organización metódica y que proporciona a sus miembros los medios de existencia.

Gravemente, la delincuencia organizada depende mucho del

---

[11] Sociedad Mexicana de Criminología capítulo Nuevo León.

apoyo de servidores públicos que le permitan trabajar, trasciende de un área o país en específico, pues actualmente se tienen redes de trabajo criminal, la delincuencia organizada es un negocio ilícito cuyo impacto o empresa ha trascendido a otros Países, sobre ello NAPOLEONI (2009: 2) opina que:

> El territorio es de gran importancia para el crimen, y en una economía globalizada la Geografía del crimen se expande potencialmente. Las organizaciones criminales son presentadas con una nueva oportunidad internacional diariamente. Los nuevos modelos del crimen maximizan los beneficios en escalas anteriormente desconocidas.

Por su parte CALVANI (2008: 2) considera que son tres los factores que afectan a la criminalidad transnacional:

1. "La globalización de la economía;
2. Mejorar las Tecnologías de comunicación; y
3. El incremento en el número de inmigrantes".

Sobre lo anterior, aclara que éstos no son los causantes, pero si favorecen, por parte de los inmigrantes, implican ser utilizados como mercancías de traslado así como los que trasladen el material ilícito.

Así mismo, señala que:

> La globalización y el crecimiento económico ha promovido fuertemente la transformación del crimen más allá de las fronteras en todas partes del mundo. La mejora de las comunicaciones y la información tecnológica ha desbordado los límites nacionales con mayor movilidad de las personas, bienes y servicios alrededor del mundo, y el emerger de la economía globalizada ha movido al crimen más allá de su base doméstica (*ibídem*).

ANNAN, ex secretario general de Naciones Unidas, opina:

> La globalización ofrece oportunidades extraordinarias. Desafortunadamente, hace posible diversas actividades antisociales que devienen problemas sin pasaporte. Entre éstos se encuentra el abuso de la droga, la cual trae miseria a millones de familias alrededor del mundo cada año, y el tráfico de drogas, que descaradamente promueve la explotación de la miseria como comercio. Si la comunidad internacional merece dicho nombre, debe responder hacia el cambio. Afortunadamente es un buen comienzo para hacerlo. (*cit. pos.* CALVANI, 2002: 1).

Por otra parte GRUBAČ explica el porqué la delincuencia organizada se ha convertido en un negocio tan atractivo y opina que:

> Junto con el número de dificultades y dolorosos asuntos que actualmente los Estados tienen que enfrentar como problemas ambientales, desempleo, migración, terrorismo y crimen organizado, que hoy son los primeros en escala de problemas de la humanidad; además de ello, el constante incremento en las agresiones, el crimen moderno está caracterizado por nuevas formas de ofensas, cuyo objetivo común es el convertirse en rico, donde el uso de la violencia y la corrupción son las formas regulares para llegar al mismo. El crimen organizado, se ha convertido en una industria multinacional, la cual ofrece la oportunidad de ganar dinero. No reconoce límites nacionales ni la soberanía de un Estado. En cuyo intento de legalizar la actividad ilícita, se transfiere el dinero de un banco a otro, de un Estado a otro, y de esa forma regresa al lugar de origen de una forma "lavada". (GRUBAČ: 29).

En síntesis de lo anterior, el crimen organizado ha expandido su red a todo lugar donde haya oportunidad de traficar con todo tipo de materiales y donde por desgracia haya funcionarios públicos que faciliten el trabajo de éstos. Sin aplicar regla general, no hay duda que en ciertos países la situación no es igual, pero desafortunadamente para México no se puede opinar lo mismo, sobre ello ELBERT (2008) dice que la inserción social del poder narco ya era explícita en México. Y atinadamente recuerda como incluso ex funcionarios públicos de alto perfil cumplen prisión por hechos ligados al lavado de dinero y por sus vínculos con las mafias de la droga, evidenciando que, en lo que hace al poderío y penetración institucional del narcotráfico en América Latina, México está ubicado apenas un escalón por debajo de Colombia.

Lo mencionado es referente al caso bien conocido, al respecto, del citado autor, se encargó de hacer un estudio sobre los hechos en los que se vio involucrado un cardenal, y sobre esto mismo señala que: Seguramente la vecindad con los Estados Unidos (el gran mercado consumidor) transformó a México en un pasaje tan estratégico como el canal de Panamá. Theodore Roosevelt había señalado, con su habitual sutileza, que "no hay general latinoamericano que resista un cañonazo de un millón de dólares" (*ibídem*).

2. INVESTIGACIÓN

Para BRUCCET ANAYA:

> La investigación de la criminalidad organizada consiste en recabar, compilar, obtener, conseguir o alcanzar todo el conjunto de datos posibles, que traducidos en información, permitan conocer el modo de operar de los delincuentes que se organizan para atentar contra la sociedad. (BRUCCET, 2004: 547).

Para realizar la investigación es importante contar con elementos adecuados y suficientes para llevarla a cabo; es decir, investigadores aptos y capacitados y a tecnología moderna y adecuada. La criminalidad organizada puede ser investigada con el apoyo de las diferentes organizaciones mundiales dedicadas a la seguridad. Para el mismo autor en la investigación de la delincuencia organizada se obtienen datos como: identificar al grupo organizado; miembros del grupo y su labor; líderes; actividad del grupo; zona de actividad; y conocer si tiene protección y apoyo por servidores públicos. A continuación se explican:

- *Identificar al grupo organizado*: Consiste en identificar a la organización a la que se investiga y con esto determinar el número de sus integrantes; así como quiénes les aportan seguridad, información y recursos, además, su estructuración; también, si el grupo tiene labor Internacional; por ejemplo, en los lentes, ropa, discos de música, películas y muchos otros productos que se adquieren en lugares establecidos a la vista de muchos (menos de la policía) no autorizados, la mayoría de su mercancía es falsa, no es de marca original, mejor conocida como piratería; habrá que ver también su área de operación;

- *Miembros del grupo organizado*: El grupo organizado, se compone por diferentes tipos de integrantes; primero, están los que podrían decirse dueños de la organización, son los líderes, son los que planean y dan las órdenes a sus allegados o miembros de confianza; después están los que realizan el trabajo de conseguir a los miembros, buscarán, capacitarán y ordenarán el trabajo físico; y el último grupo dentro de la organización, pues son los que ejecutan los actos ilícitos. Puede haber de todo tipo de labores y de profesiones en un grupo criminal organizado, pueden haber los administradores económicos, abogados para su defensa, los que consiguen el armamento, vigilantes para mantener la seguridad y protección de su área de trabajo, golpeadores que podrían ser los mismo vigilantes u otros dedicados a vengar las traiciones hechas al grupo organizado, los espías dentro de alguna institución u otro grupo que obtengan información y/o faciliten el trabajo del grupo, los encargados de empaquetar la mercancías, los que organizan el traslado de tal mercancía y otros muchos más que logran impunidad, como lo son los que sobornan a los servidores públicos para que les permitan trabajar fácilmente, y pueden ser desde policías, hasta los altos funcionarios. De lo anterior se puede comparar a la delincuencia organizada como una empresa; hay una estructura laboral, se presentan grados o rangos, existen el o los dueños y los demás miembros tienen su especialización, unos son jefes de otros y unos ordenan a otros y así cada uno tiene su labor específica;

- *La actividad del grupo*: El grupo organizado tiene distintas áreas de trabajo; la delincuencia organizada no sólo se dedica al tráfico de drogas sino que a cualquier actividad que afecte al Estado, al igual que cualquier actividad ilícita organizada, siendo el tráfico de drogas y de productos ilegales las labores más comunes que se observan en muchos lugares, pero que las autoridades no ven. También se da el robo de automóviles, que muchas veces son utilizados para cometer otros delitos, como el secuestro, robo en instituciones bancarias o negociaciones, en otros casos, son trasladados a otras entidades para su venta o hasta al extranjero, con documentación falsa o para desmantelarlos y vender sus partes; problema muy común, ya que es habitual escuchar que el vehículo en el que se secuestro a alguien, era robado, o que las partes que le han robado a un auto, después están a la venta en algún establecimiento;

- *La zona de actividad*: El área de actividad de la delincuencia organizada puede tomar calles, colonias, ciudades, Estados, el país y hasta puede ser internacional; así como entre éstas, organizarse y trabajar en conjunto;

- *Conocer si tiene protección y apoyo por servidores públicos*: Esta situación es preocupante, ya que una gran cantidad de ilícitos, son cometidos o auspiciados por servidores públicos, que tienen a su cargo la seguridad pública y la seguridad nacional; aun más común y alarmante es escuchar que tal candidato, gobernante o algún secretario sea vinculado fuertemente con un grupo de delincuencia organizada, incluso artistas, cantantes y representantes de la Iglesia. Los traficantes pueden tener relaciones con diferentes instituciones del Estado, logrando así su actividad; con la defensa militar, que podría facilitar la obtención de equipo militar, la marina para el traslado de un país a otro, aduanas, aeropuertos, policías federales y locales para facilitar el traslado, introducción y/o el envío de mercancías. Esto no sólo afecta gravemente a la sociedad sino que también mancha la imagen de las secretarias que suponen estar a la defensa de nuestra sociedad lo que contribuye a la mala percepción en la seguridad.

3. PERSECUCIÓN Y PREVENCIÓN

Haciendo una memoria histórica, pero sin abordar más de 10 años atrás, la criminalidad organizada ha tenido una presencia en casi todos los ámbitos de la vida. Ésta le ha dado a México un estatus internacional grave, ha habido temporadas en las que se realizan robos de autos, riñas, enfrentamientos, capturas, investigaciones y demás resonantes actividades que han ocasionado una sentimiento generalizado de inseguridad en todo el país, anteriormente, esto podía ser de desinterés para muchas personas, pero la misma gravedad de los hechos, han llevado a estar alerta casi en cualquier lugar. Posterior a los atentados terroristas del 11 de septiembre sufridos por Estados Unidos de América y la guerra de esta Nación contra Irak –que siguió de los atentados citados–, la criminalidad ha venido incrementando, no se le puede atribuir esta consecuencia como resultado de la guerra, pero finalmente es un factor criminógeno.

Durante el trascurso de los años 2007-2013, los homicidios debidos a "ajustes de cuentas" han sido de fuertes consecuencias, diariamente se veía en los diversos medios de comunicación: Internet, televisión y sobre todo en los periódicos, que se encontraban cuerpos tirados sin vida, "narcomantas", atentados contra instalaciones gubernamentales[12], secretarios de seguridad muertos, directores de policía, atentados contra éstos, además de los cientos de policías privados de la libertad y de la vida por los delincuentes organizados; la contra parte a esto han sido las capturas que diariamente se anuncias igualmente en los medios de comunicación, aunque la estadística a favor es para los muertos que para los capturados. Se han anunciado las capturas de múltiples líderes de grupos organizados tras investigaciones y en algunas ocasiones con ayuda de la participación ciudadana, pero a pesar de ello, los grupos criminales sigue cobrando la vida de servidores públicos de cualquier nivel gubernamental: municipales, estatales y federales, desde policías preventivos e investigadores, hasta

---

[12] De acuerdo con la ONU, instalación gubernamental comprende todo aquel edificio, construcción, espacio, incluso vehículo que sirva para llevar a cabo funciones de la administración pública.

federales y militares.

Ningún cuerpo de defensa (de Seguridad Pública o Seguridad Nacional) se ha visto librado, pues finalmente no se puede negar la participación por parte de corruptos, pero que al paso llevan a su muerte violenta. Incluso se han visto muertes inexplicables pero que debido a la situación se atribuye a causas de la criminalidad organizada; por ejemplo, el deceso del Secretario General de Gobierno; por otra parte, se piensa que los que se han visto librados de esto son los que están mejor "arreglados" con el narcotráfico.

En respuesta a lo anterior, la sociedad, en su desesperación por obtener alivio, lleva a cabo marchas nacionales o estatales en las que el lema es por "La Paz", lo cual sirve para ejercer una presión política y en otras ocasiones para criticar a los gobiernos (en su ineficacia para combatir el crimen o en las propuestas de campaña por la seguridad).

Otra medida preventiva que utiliza desesperadamente el Derecho Penal, es la amenaza a través de la pena, se vienen anunciando penalidades altas y de graves consecuencias para los criminales, pero tras los intentos, aun no resultan los efectos esperados, y no se espera que se cumplan.

También en palabras ZAFARONNI (2005) en el Congreso "Latinoamericano de Criminología, Sistema Penal, Derechos Humanos y Participación Ciudadana", que: "la penicilina cura la sífilis, a las brujas se les eliminaron (o se convive con ellas), la drogadicción se cura, pero el Derecho Penal ha sabido curar nada".

Ya lo mencionaba INGENIEROS que, la Clínica Criminológica debe estar constada por tres partes: la etiología del crimen (que son los factores endógenos y exógenos); el diagnóstico y el pronóstico; y la terapéutica (que será el tratamiento y la rehabilitación). Así debe ser, que las cárceles dejen de ser centros de estudios universitarios del crimen y que el sistema penal deje de ser un monstruo represivo, para que se conviertan en verdaderas "Clínicas Criminológicas" con estudio, diagnóstico y tratamiento penitenciario y pospenitenciario.

4. BIBLIOGRAFÍA

BRUCCET, L. (2007). *El crimen Organizado*. México: Porrúa.

CALVANI, S. (2008). *Transnational Organized Crime: a Global Concern*. Rome: Nato Defense College.

CALVANI, S. (2002). *People's Power Against Drugs, Adaptive Changes in Southeast Asia*. Asia: Harvard Asia Quarterly.

ELBERT, C. (2008). "El crimen organizado y la crisis de la justicia mexicana a través de un caso resonante", en: *Archivos de Criminología, Criminalística y Seguridad Privada* (Vol. I). México: Sociedad Mexicana de Criminología Capítulo Nuevo León (dirección en Internet: www.somecrimnl.es.tl).

GRUBAČ, M. (2008). "Organized crime in Serbia as a phenomenon of recent times", en: *The fight against organized crime in Serbia*. Belgrade: UNICRI.

NAPOLEONI, L. (2009). "Criminal Connections", en: *Freedom from free*, Italy: UNICRI.

ZAFARONNI, E.R. (2005). "El futuro de la Dogmática Penal Latinoamericana", en: Congreso Latinoamericano de Criminología, Sistema Penal, Derechos Humanos y Participación Ciudadana, Universidad Autónoma de Nuevo León, México.

V

CRIMINALIDAD ORGANIZADA, ESTADO Y SERVICIOS PÚBLICOS: UN ANÁLISIS SOCIOECONÓMICO

DOTTORE ROBERTO MUSOTTO[13]
ITALIA

1. INTRODUCCIÓN

Empezando a estudiar en la universidad el "fenómeno" de la criminalidad organizada por la redacción de mi tesis (MUSOTTO, 2012), una pregunta surgió desde que mi trabajo de investigación al inició: ¿Porque la Mafia y la criminalidad organizada en general, llevan por sí misma valores negativos y toma consentimiento y éxito entre algunas clases sociales? Entre todas las posibles respuestas, una en particular ha atraído mi atención. Esta se puede encontrar en un corto artículo del ganador del premio Nobel BECKER, titulado *Crime and Punishment: An Economic Approach* (1963). En breve, con respecto a uno de los principios básicos de la economía moderna, la racionalidad económica: un sujeto no pondrá en existencia un comportamiento que es prohibido por una norma cuando su función-objetivo no está maximizada entre vínculos predefinidos (FILIPPINI y SALANTI, 1993). Aplicar este principio en el ámbito de la criminalidad organizada implica según BECKER (1963) que una determinada persona pone en existencia una actividad criminosa contras las normas solo sí maximiza el propio bienestar en razón de la sanción o punición que eventualmente podría ser infringida a él. En otras palabras, en este sistema la sanción o la punición representan el costo para delinquir, con referencia a cada sujeto, que pondrá la actividad criminosa solo si la futura punición es menor respecto a el bienestar aportado (esto no es que una nueva

---

[13] Università degli Studi di Palermo

lectura con medios económicos de los principios de proporcionalidad de las penas teorizado de BECCARIA en *Dei delitti e delle pene*, 1764).

Si existe un costo para delinquir, el sujeto racional-económico tendrá que maximizar su selección, cambiando el propio comportamiento en el ámbito de determinados límites que son definidos por las instituciones como el Estado, quien tutela los principios de nivel constitucional y permite que con las ayudas de los servicios públicos que el sujeto se mueva en el régimen del monopolio.

Desde una óptica económica, una *Gang* entendida como un conjunto de personas organizadas para varias actividades criminales puestas con metodologías y métodos que no son admitidas desde las instituciones vigentes en un determinado régimen territorial, llega a conseguir una distribución del riesgo y al mismo tiempo una reducción del costo de poner en existencia una conducta criminal.

De hecho, sus características[14] hacen posible que un "relativamente" pequeño número de personas obtengan un resultado eficiente con detrimento de una mayoría que es desorganizada a través de una distorsión de las instituciones sociales. Se trata entonces, refiriéndose a lo que Gaetano MOSCA en su ensayo del 1900 *Cos'è la Mafia* escribe, de un grupo criminal organizado caracterizado por un sentimiento *antisocial* con lo cual no se permite un verdadero orden o una verdadera justicia eficaz sobre toda la población, cuando al mismo tiempo una minoría organizada oprime la mayoría desorganizada. Esta criminalidad organizada, como los otros grupos sociales, puede ser considerada como una *rent-seeker* donde su objetivo es crear un monopolio sobre la producción y distribución de unos bienes y por conseguirlo pueden empezar luchas entre otras *gang* y *market sharing arrangements* (VARESE, 2001).

Si se considera esta, la función-objetivo de la criminalidad organizada, la finalidad del presente análisis es mostrar cómo en realidad se

---

[14] ABADINSKY (2010) resume las características de la criminalidad organizada en ocho puntos que son bastante generales y que pueden ser aplicados a la mayor parte de los grupos criminales:

1) Falta de objetivos politicos;
2) Es un organizacion gerarchica;
3) La membrecía es limitada o exclusiva;
4) Es una subcultura única y separada de las otras;
5) Perpetra su misma existencia prescindiendo de la continuación de cada individual;
6) Es disponible a usar la violencia ilegal;
7) Es monopolistica, y
8)   Es gobernada con reglas explicitas.

comporta en un contexto social (basándose sobre algunos de los resultados de mi tesis (2012) y la de aportar una posible solución al problema. En primer lugar se indicará el modelo económico de referencia y después serán exhibidos los efectos que tiene este modelo.

2. Modelo económico de desarrollo de largo periodo en presencia de criminalidad organizada

La función de introducir en la exposición este modelo, es justificar el hecho de que el cambio desde un determinado tipo de criminalidad organizada (la criminalidad instrumental, explicada más adelante) llega a convertirse en un grupo capaz de tener un rol de antagonista con las otras clases sociales y asumir el control del poder político, volviéndose en un sujeto semejante al estado de derecho, capaz de influir en el propio aventaje del *performance* económica por un largo periodo. A grandes rasgos el modelo presenta el siguiente esquema lógico:

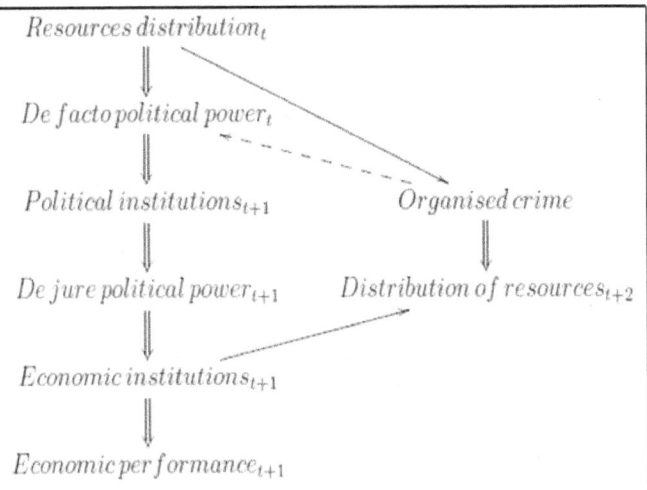

Como se puede observar en el esquema, la distribución de los recursos no es solo el punto de inicio sino también el objetivo de cada grupo social que se mueve en el esquema. Considerando que están agentes racionales y que no tienen problemas de cohesión interna[15],

---

[15] En un modelo económico de largo periodo es posible cambiar todas las variables en el tiempo, pero en este caso la conveniencia de no ponerse problemas en los que es la confianza interna al grupo da afiliación es funcional al hecho que en el modelo es presente solo un grupo por cada clase social, así que no existen problemas de

cada clase social quiere asegurarse en el largo periodo (t+2) la mayor porción posible de recursos disponibles, sin que sea relevante la cantidad de las variaciones (en aumento o en disminución) de recursos disponibles del tiempo (t) hasta el tiempo (t+2).

Cada grupo social quiere asegurarse la distribución a través de lo que el modelo llama *political power*: refiriéndose al modelo de instituciones ineficientes de Acemoglu, JOHNSON y ROBINSON (2005), el cual permite que el poder político[16] sea ocupado por el grupo y que se promulguen instituciones capaces de influir no solo sobre el futuro en el curso económico[17], sino también de establecer su misma continuación en la tenencia del poder, gracias a las instituciones políticas[18].

En este modelo la criminalidad organizada tiene dos roles:

1) En un primer momento ella es el **instrumento** de otros grupos, definidos élites[19], que pueden permitirse sus servicios más típicos (la criminalidad organizada es de hecho la única clase que tiene el monopolio de la violencia);

2) En un segundo momento ella se vuelve en un verdadero y real **grupo social**, capaz de ejercer el control del poder y así favorecer una distribución de recursos en su favor, no solamente actuando como **antagonista** del Estado, sino

---

transmigración desde un grupo a uno otro (por ejemplo entre miembros de una *gang* a una otra rival).

[16] Separado en su dos momentos: de facto political power y de jure political power.

[17] Gracias a las instituciones económicas que son todas las leyes y reglas promulgadas desde quien tiene el de jure political power, estas leyes pueden tener un outcome económico.

[18] Por instituciones políticas en general se indican dos características diferentes del mismo fenómeno:
1) La mayoría de reglas que organizan la entrada y las modalidades de desarrollo de los órganos políticos;
2) Los sujetos que eligen y deciden cuales instituciones adoptar;
En el primer grupo están las constituciones y todas las reglas vitales por el funcionamiento de un país; en el segundo están los parlamentos y las autoridades públicas con el poder de promulgar. No es siempre clara en la literatura económica (por ejemplo en ACEMOGLU et al, 2005) la diferencia entre los dos significados de la palabra, en esto modelo serán consideradas con el primero sentido, si no es especificado diversamente en otra parte.

[19] Las élites son un grupo social minoritario que tiene una grande porción de recursos considerando la "tarta" agregada, pero esta no es la mayoría de los recursos. La suya característica fundamental es de producir un *surplus* tan grande que puede ser utilizado para generar una renta y perpetuar su de facto power.

integrándose y **mezclándose** al mismo Estado en la emanación de nuevas instituciones.

Para explicar este cambio crucial es necesario exponer también las características de otros agentes y sus relaciones con las instituciones. De hecho, además de las ya citadas élites, están presentes, los grupos que son definidos en MUSOTTO (2012) como clases medias y trabajadoras, quienes son capaces de producir un *surplus* tan grande que se permiten los servicios de la criminalidad organizada, los cuales constituyen la mayoría de la sociedades en cualquier Sistema-Nación; estos presentan un problema de organización interna[20] que permite a grupos mucho más pequeños que obtienen el control sobre otras clases.

De alguna u otra forma es un cambio del presente Estado, ya que es este el sujeto competente para promulgar y organizar las instituciones[21], constituyendo el grupo social que en un momento precedente (t-1) ha tomado posesión del poder político y que actualmente (t) desconocen el cambio de instituciones y ponen en práctica mecanismos, más adelante especificados, para perpetrar la detención de su proprio poder.

En este momento la criminalidad organizada tiene el rol de mero instrumento y a través de las sus actividades más típicas ya citadas, permite la perpetuación de la élite capaz de apropiarse de los servicios.

La existencia de instituciones ineficientes[22] es otra técnica que le permite a estos grupos el perpetrarse en el tiempo, porque permiten maximizar el bienestar del grupo líder.

Por ACEMOGLU (2009), en el Estado, a través de la élite política

---

[20] El problema de la organización interna de esos tipos de clases es un elemento que permite de explicar como una minoría consigue a ser más fuerte que la mayoría. De hecho, existe un problema de **elección colectiva** (OLSON, 1965), por esto un gran número de personas, aun que estarían las capacidades potenciales de imponerse sobre los otros, tiene más dificultades a organizarse de una manera compacta contra una minoría que consigue ser más organizada contra otros grupos más grandes que parecen así desorganizados.

[21] Una definicion de instituciones mucho más amplia y generica es la de NORTH (1990) que las indica como:"the ruels of the game in a society or, more formally, are the humanly devised contraints that shape human interactions"; così come quella di HODGSON (2006):"systems of established and embedded social rules that structure social interacitons". Esta entre la diferencia ya citada por las instituciones políticas, se tenga en consideración que esta definición es tan omnicomprensiva que tiene a su interior cosas mucho diferentes (por ejemplo el teclado Qwerty, el dinero o las recetas de cocina).

[22] Las instituciones ineficientes (RODRIK, 2005) son las instituciones que por una existente, puesto el objetivo que quieren conseguir, existirá siempre otra más eficiente. En literatura económica es incierto, todavía cuál es el modelo de eficiencia que tiene que aplicarse, por más ahondamientos MUSOTTO (2012).

que gobierna y determina las instituciones, se encuentran otros sistemas de persistencia del grupo líder, como por ejemplo la revenue extraction[23], el factor price manipulation[24] y la political consilidacion[25]. En este sistema, la criminalidad organizada lleva también un rol **disgregativo** de las elites, porque gracias a su antagonismo llega a alterar las instituciones potencialmente ineficientes de una sociedad[26]. Este efecto positivo, es enfatizado por GAMBETTA (1993) como efecto colateral de la competición de un sujeto con otro.

El lado negativo lo designa GROSSMAN (1995) quién lo ha establecido en una teoría que se llama *cleptocracia*, la cual explica como las élites maximizan la renta política de la propiedad del Estado y modelan diferentes surtidos de *policy*[27] dentro de los límites de las acciones cumplidas o simplemente anunciadas de personas (que no son miembros de la clase política o gubernamental) imponen en la habilidad del Estado el sacar su renta política. En otras palabras, esta teoría nos permite entender, que existe un sujeto que actúa para lograr recursos influyendo en las políticas del Estado y para sustraer a este último su poder y recursos. La criminalidad organizada a mi modo de ver, cumple esas acciones ofreciendo servicios públicos de competencia del Estado. La criminalidad organizada se comporta como un fundador alternativo de servicios públicos y al mismo tiempo es un *free rider*[28] porque puede utilizar la tecnología de su competidor para establecer servicios y ganar el precio extorsionado los bienes de manera forzada.

3. Los efectos: ¿Porque gana la Mafia?

---

[23] Revenue extracion: el grupo líder pone impuestos para extraer recursos desde los otros grupos, así que esos sean más fáciles a ser controlados, una vez empobrecidos.

[24] Factor price manipulation: los impuestos son utilizados para lograr elementos de producción más baratos por el grupo lider y, en el mismo tiempo, la modalidad de transacción pone el conseguimiento más difícil por los otros grupos porque el costo del mismo producto sería más caro.

[25] Political consilidation: el grupo que logra el poder político pone y elige instituciones que ponen en aventaje su clase social, así que las otras no sean capaces a subvertir a este poder.

[26] Esto pasó en la historia cuando, por ejemplo, en la segunda guerra mundial los aliados acordaron con la mafia por la invasión de la Sicilia en 1943. La relación de la Commissione Parlamentare Antimafia italiana del 4 febrero 1976 demostró como la Mafia, gracias a personas como LUCKY LUCIANO, MICHELE SINDONA y LICIO GELLI, preparó la población para el cambio institucional (DICKIE, 2004).

[27] Policy: con esa palabra se indican las acciones elegidas por un gobierno para influenciar su economía.

[28] Free rider: ese fenómeno se encuentra cuando un miembro de la sociedad no paga por unos bienes comunes, aun que trae todavía beneficios desde su existencias.

En el modelo económico de desarrollo antes mostrado, el efecto principal es que la Mafia llega a conseguir control político y de esta manera influir en la *economic performance* porque la función de su poder puede ser formalizada así:

$$De\ facto\ power: f(R_{oc}; G)$$

Aquí (R_{oc}) indica los recursos sustraídos a los otros grupos sociales como pago por sus servicios y (G) es la actividad de violencia empleada para tener esto tipo de poder. La variación de estas dos, permite que un grupo de criminalidad organizada se eleve en el tiempo a grupo antagonista del Estado, como ya fue explicado en la primera parte.

¿Pero qué es lo que le permite a un grupo organizado que tiene el monopolio de la violencia privada (o sea que no es legitimada de ninguna institución) asegurar el poder futuro por medio de una distribución de recursos siempre más grande? GROSSMAN (1995) y GAMBETTA y REUTER (1995) proponen una respuesta: la criminalidad organizada ofrece unos servicios y bienes que el Estado no puede o no quiere ofrecer. En el modelo de desarrollo económico la Mafia puede conseguir poder también poniendo sus instituciones en mercados donde el Estado no está presente, sino existe todavía una demanda por esos bienes[29]. Si el sujeto económico-jurídico que tiene la incumbencia de suministrar los bienes no lo hace, la demanda buscará otros oferentes para definir contractos.

Un ejemplo muy reciente de lo que es la Direzione investigativa Antimafia de Palermo descubrió en el barrio Z.E.N.[30] de la misma ciudad[31], que la Mafia ha reemplazado la función Estatal ocupándose personalmente de todas las viviendas de protección oficial suministrando en cada habitación agua, luz y gas y cobrando el alquiler de todas las casas del barrio. El Mafioso *Pentito*[32] Salvatore GIORDANO

---

[29] Por ejemplo en el mercado de las drogas o en otros mercados donde existe una demanda inelástica, o sea que el variar de precio no cambia la cantidad requerida, la criminalidad organizada encuentra una grande perspectiva de rentas.

[30] Es el barrio popular proyectado del Arquitecto Vittorio GREGOTTI, donde se encuentra la más grande concentración Mafiosa en Palermo.

[31] Artículo publicado en el periódico *La Repubblica* edición de Palermo el 14 febrero 2013.

[32] O sea arrepentido: así se llaman los hombres y mujeres de la criminalidad organizada que deciden colaborar con las autoridades judiciales en las investigaciones y como testigos en los procesos de Mafia.

cuenta a la acusación pública[33] como en cada edificio vive un referente de la *Cosa Nostra* que se ocupa de la suministración y de los pagos de los que viven allá.

En esta realidad el Estado pierde poder porque un "Para-Estado" se reemplaza al legítimo y se crea lo que es por GROSSMAN (1995) una competencia de crear una renta política que asegurará su persistencia en el futuro. Desde el ejemplo ya citado es interesante observar como existe la posibilidad que un grupo criminal organizado pueda suministrar los servicios por un precio más ventajoso con respecto del otro proveedor; sin embargo es el sujeto institucional quien tendría que ocuparse de la suministración de servicios públicos. En esta situación el beneficio para la criminalidad organizada de portarse como un *free rider* está en el hecho que maximiza su beneficio si suministra el mismo servicio que también el Estado podría suministrar, respetando las instituciones que tutelan las partes de este proceso productivo y las cuales podrían disfrutar de otros servicios del Estado a un costo "cero" para ofrecer los suyos por un precio más bajo[34].

Es absurdo, que en este sistema, los mismos consumidores podrían ser aventajados porque podrían elegir entre dos proveedores por el mismo servicio[35], sin embargo es verosímil que el precio y la suministración sean impuestas desde la criminalidad organizada[36]. En sistemas con grande concentración de criminalidad organizada, puede también pasar de la situación en donde no es más posible distinguir el proveedor institucional desde la criminalidad organizada[37].

En resumen: la criminalidad organizada ofrece servicios públicos competitivos con respecto del Estado que puede o no llegar a ofrecer los mismos servicios.

La razón se encuentra en el hecho de que la criminalidad

---

[33] Artículo publicado en el periódico *La Repubblica* edición de Palermo el 15 junio 2010.

[34] Porque técnicamente el *costo* de la suministración es pagado del Estado, puesto que es el Estado que se ocupa de la producción de esos bienes y al mismo tiempo de todas las infraestructuras por el utilizadas.
La criminalidad organizada se interpone en el proceso entre el productor y el utilizador final suministrando el servicio. Así si el productor recibe un daño, el utilizador trae el beneficio de un precio más bajo porque quien lo suministra no tiene que soportar el costo de la producción del bien.

[35] Así creando economías de costo porque el precio por el mismo bien en un sistema en competición sería más bajo (GAMBETTA y REUTER, 1995).

[36] En el ejemplo de lo Z.E.N. de Palermo, no sería posible imaginar una elección de los servicios de parte de los habitantes del barrio.

[37] Por ejemplo en algunas municipalidades en México, parte de los servicios más remunerativos están bajo el control de la criminalidad organizada, aun que sea la misma municipalidad a suministrarlos.

organizada se porta como un *free rider* de bienes públicos por los servicios ofertados del Estado, de esta manera se llega a ofrecer el mismo producto por un precio más bajo (cuando el servicio no es impuesto) porque reduce el costo de la producción. Los recursos que la criminalidad organizada trae de las otras clases sociales y el monopolio de la violencia privada, una vez que son aplicadas en un modelo de desarrollo económico de largo periodo con la presencia de instituciones llegan a dos efectos:

a) Un cambio institucional (y potencialmente eso es positivo por GROSSMAN, 1995).

b) La entrada de la criminalidad organizada en el sistema estatal.

Si estas ventajas son utilizadas por los receptores finales del problema, el órgano criminal encuentra la legitimación solo gracias al empleo de la violencia y no tendría sentido que todas las instituciones protejan a los ciudadanos de cada Estado.

4. CONCLUSIONES

En esta parte del trabajo se indica brevemente una solución al problema, al espíritu antisocial (MOSCA, 1900) y económicamente arruinado de la criminalidad organizada.

La criminalidad organizada gana y toma posesión de competencias del Estado porque se enfrenta con grupos que no tienen su misma organización (REUTER, 1983). Casi como las mejores sociedades industriales el "producto" que se ofrece es mucho más conveniente y competitivo que los otros suministrados por el Estado, aunque a veces los productos y servicios no tienen diferencias entre ellos.

Como afirma ALAJMO (2013): "hasta que las optimas intenciones de la Antimafia serán encaminadas solo en la educación a la legalidad, con lecciones simplemente teóricas, no será la solución a estos problemas." El control del territorio (MUSOTTO, 2012: 72-74) es fundamental, y la presencia del Estado tiene que estar acompañada de una oferta de servicios más eficientes y menos costosos, de manera tal que la persona que utiliza racionalidad metodológica no podrá nunca elegir servicios y actividades de la criminalidad organizada.

5. BIBLIOGRAFÍA

ABADÍNSKY, H. (2010). *Organised Crime*. U.S.A.: Wadsworth.

ACEMOGLU, D., JOHNSON, S., ROBIINSON, J.A. (2005). Institutions as a fundamental cause of long-run growth. En: AGHION, P., DURLAUF, S.N. (Eds.), *Hanbook of Economic Growth*, (vol. 1A). Holanda: Elsevier.

ACEMOGLU, D. (2009). *Institutional change and persistence*. U.S.A.: MIT Press.

ALAJMO, R. (2013). Palermo, quartiere Zen la repubblica della mafia. En: *La Repubblica Palermo*. Disponible en: <ricerca.repubblica.it/repubblica/archivio/repubblica/2013/03/04/p alermo-quartiere-zen-la-repubblica-della-mafia.html>, consultado el 05 de Marzo 2013.

BECCARIA, C. (1764). *Dei Delitti e Delle Pene*. Italia: Einaudi.

BECKER, G.S. (1968). Crime and Punishment. En: BECKER, G.S., LNADES, W.M. (Eds.), *Essays in the economics of Crime and Punishment*. U.S.A.: National Bureau of Economic Research.

DICKIE, J. (2004). *Cosa Nostra, Storia della Mafia Siciliana*. Italia: Laterza.

FILIPPINI, L., SALANTI, A. (1993). *Razionalità, Impresa e informazione. Letture di Microeconomia*. Italia: Giappichelli.

GAMBETTA, D. (1993). *The Sicilian Mafia: the business of private protection*. U.S.A.: Harvard University Press.

GAMBETTA, D., REUTER, P. (1995). Conspirancy among the many: the mafia in legitimate industries. En: FIORENTINI, G., PELTZMAN, S. (Eds.), *The Economics of Organised Crime*. U.S.A.: Cambridge Uniersity Press.

GROSSMAN, H.I. (1995). Rival Kleptocrats: the Mafia versus the State. En: FIORENTINI, G., PELTZMAN, S. (Eds.), The economics of Organised Crime. U.S.A.: Cambridge University Press.

HODGSON, G.M. (2006). What are Institutions? En: BROWN, C. (Ed.), *Journal of Economic issues*, (núm. 15). U.S.A: M.E. Sharpe

MOSCA, G. (1900). *Che cos'è la Mafia*. Italia: Laterza.

MUSOTTO, R. (2012). *Inefficient Institutions and Organised Crime*. Italia: Università degli Studi di Palermo.

NORTH, D.C. (1990). *Institutions, Institutional Change and Economic Performance*. U.S.A: Cambridge University Press.

OLSON, M. (1965). *The logic of collective action: public goods and the theory of groups*. U.S.A.: Harvard University Press.

REUTER, P. (1983). *Disorganized crime: illegal markets and the Mafia*. U.S.A.: MIT Press.

RODRIK, D. (2005). Growth strategies. En: AGHION, P., DURLAUF, S.N. (Eds.), *Handbook of Economic Growth*, (vol. 1A). Holanda: Elsevier.

VARESE, F. (2001). *The Russian Mafia: private protection in a new market economy*. U.S.A.: Oxford University Press.

VI

LOS RECURSOS NATURALES UN VEHÍCULO PARA LAS PRÁCTICAS DE LA CRIMINALIDAD ORGANIZADA

Israel Estrada Camacho[38]
México

1. INTRODUCCIÓN

La delincuencia organizada opera donde puede obtener recursos mediante transacciones ilícitas. Una fuente de ingresos es el *medio ambiente*, en particular el tráfico ilícito de fauna silvestre y madera. El problema es particularmente agudo en los países en desarrollo, pues los gobiernos con recursos insuficientes muchas veces se ven privados de medios para controlar la explotación de sus recursos naturales. En lugar de promover el progreso económico, la riqueza natural mal administrada puede conducir a la mala gobernanza, la corrupción o incluso el conflicto violento.

Hablar de Delincuencia Organizada (DO) en estos tiempos ya no es una ficción si no una realidad, las películas de corte hollywoodense se quedan muy cortas en sus contenidos comparados con lo que pasa día a día en torno a este fenómeno social. La Organización de las Naciones Unidas la define como: redes delictivas organizadas que se benefician de la venta de productos ilegales siempre que haya demanda de ellos. Esos mercados ilegales son anónimos y más complejos que nunca y cada año generan miles de millones de dólares lo que lo hace justamente ser un gran negocio. En 2009 se estimo que generaban 870 mil millones de dólares por año, lo que equivale al 1.5% del PIB mundial (Oficina de las Naciones Unidas contra la Droga y el Delito, 2011).

---

[38] Procuraduría General de la República.

En México este fenómeno no es la excepción, ya que hay grupos organizados que se han encargado de talar miles de hectáreas principalmente en los estados de Michoacán, Guerrero y el Estado de México. A nivel mundial México está catalogado como el tercer país donde se trafica con animales silvestres. Si bien es cierto que como tal los Delitos Ambientales no se encuentran catalogados como dentro de la delincuencia organizada el objetivo de este estudio es demostrar que detrás de actos delictivos cometidos contra el ambiente existen organizaciones que se encargan de acelerar el deterioro ambiental que sufre nuestro país.

En este tenor valdría la pena tener estudios criminológicos que abordaran esta problemática, tarea que deberá cubrir un criminólogo, ya que en México son escasos o pocos los estudios relacionados al génesis de un delito de tipo Ambiental.

2. ¿Cuál será la verdadera razón de traficar con vida silvestre?

En realidad *¿cuál será la verdadera razón de traficar con vida silvestre?*, dinero, poder, prestigio, tal vez la respuesta aun no la tengamos valdría la pena tener estudios criminológicos que abordaran esta interrogante, tarea que desde el punto de vista de este autor deberá cubrir un criminólogo – estudioso del crimen– ya que en México existen estudios relacionados con homicidios, robo, pederastia, violaciones, secuestro, trata de personas etc., pero la *criminalidad ambiental* nadie la aborda, de hecho desde el mismo concepto aun en nuestros días no queda claro, algunos lo llaman "Delito Ambiental", "Delincuencia Ambiental", "Delitos Verdes", "Criminalidad del Medio Ambiente" y "Ecocidio" (EMAN, MEZKO y FIELDS, 2009). Con propósitos didácticos tratare de aproximarme a una definición más o menos homogénea en este contexto. *Delito Ambiental:* Es la conducta descrita en una norma de carácter penal, cuya consecuencia es la degradación del ambiente y que se encuentra sancionada con una pena determinada. La expresión es una noción jurídica relativamente reciente por lo que no cuenta con una definición unánime, lo que no impide que sea reconocida por la mayoría de los países. En este mismo contexto es necesario aclarar que el término *Criminalidad Ambiental* queda englobado en la definición anterior, por tanto, les invito a mis amigos criminólogos que dejen de utilizar el término "criminalidad ambiental" para referirse al estudio de los factores climáticos –factores exógenos– que influyen para que una persona realice cierto tipos de conductas antisociales o delitos (HIKAL y ESTRADA, 2012). A partir de hoy los estudiosos del crimen tendrán que empezar a reescribir la historia de la criminología.

Abordar el tema es muy complejo si desde el propio término tenemos dificultades, es de imaginar la complejidad de dicha problemática, para algunos estudiosos la razones de traficar con especies está asociada a una profunda tradición arraigada en la población de muchos países de tener animales; por lo exótico, por su belleza, por sus pieles, por su plumas y sus hábitos de conducta. Además como alimento, medicina tradicional, brujería, ornato, y para la elaboración de prendas y accesorios (Instituto Nacional de Ecología [INE], 2012)

La otra vertiente de traficar es justamente el eje temático de este artículo, las jugosas ganancias que representa la venta de estos organismos. Algunos estudiosos del tema señalan que las condiciones de pobreza en las que viven ciertas poblaciones aledañas a las áreas naturales donde se encuentra la fauna silvestre llevan a su captura y comercialización, de acuerdo a Eduardo PETER "donde existe pobreza y marginalidad no es posible administrar los recursos naturales" (*La Jornada*, 2012) sin duda alguna este y otros investigadores tienen razón para él suscrito el problema de fondo es que estas personas de escasos recursos solo sirven de vehículo para las prácticas de la Delincuencia Organizada, es decir: solo capturan a dichos ejemplares –sin tener grandes ganancias– y estos son puestos a la venta por las redes organizadas, ya que la mayoría de los ejemplares no son para el mercado nacional, si no para el internacional que es donde las ganancias se convierten en sumas muy importantes de millones de dólares, solo por citar algunos ejemplos: Una guacamaya roja se cotiza en el mercado local en 6 mil pesos, en el internacional 500 mil pesos. Un tucán pecho amarillo en el mercado local 500 pesos, en el internacional se cotiza hasta en 600 mil pesos. Mono aullador 2.500 pesos, en el extranjero 150 mil pesos, por supuesto que las ganancias son muy rentables por ello esta red que opera a nivel mundial no deja de lado esta actividad. Para el año 2010, a nivel mundial, el tráfico ilegal de especies fue el tercero más lucrativo del orbe, después del tráfico de drogas y de armas, lo cual ha situado al borde de la extinción a alrededor de 700 especies (SOON y ANAYA, 2011).

Dentro de las Especies más traficadas en México están: Guacamayas, pericos, jaguares, ocelotes, tarántulas, mariposas, reptiles, anfibios, tigres y leones –estos dos últimos no endémicos de este país–.

De acuerdo a la siguiente nota confirmamos que el tráfico de especies en nuestro país no es reciente si no que nos remontamos al siglo *antepasado;* "En *1896* se confisco en Suiza un cargamento de 1200 kg de pieles de Ocelotes todas procedentes de México cuyo destino final era Italia". Actualmente esta especie está en peligro de Extinción (Norma Oficial Mexicana *NOM-059-SEMARNAT-2010*).

Podemos seguir haciendo un recuento de los daños, por que los ejemplos sobran pero en general, si deseamos salvaguardar de manera efectiva la biodiversidad que nos queda, debemos encontrar el equilibrio entre el uso y la conservación. En un país megadiverso y en desarrollo como México, es todo un compromiso preservarla y mantenerla saludable. Aunque el panorama se complica cuando nos damos cuenta de que es en las áreas más ricas en diversidad es donde se encuentra la población más marginada, con mayores necesidades básicas, y que estas a su vez son usadas y explotadas por grupos organizados.

2. EL CONTEXTO INTERNACIONAL
2.1. Trafico de Fauna Silvestre

El delito ambiental es un fenómeno mundial, en este caso nos referiremos solamente a dos de las principales corrientes: *el tráfico de fauna silvestre desde África y Asia sudoriental a Asia* y *el tráfico de madera desde Asia sudoriental a la Unión Europea y Asia*. La venta de marfil de elefantes, cuernos de rinocerontes y partes del cuerpo de tigres en Asia solamente tuvo un valor estimado de 75 millones de dólares en los Estados Unidos en 2010. Indudablemente, las repercusiones de este comercio son mucho mayores que los ingresos relativamente pequeños que reporta a los delincuentes. El valor del comercio de madera ilícita desde Asia sudoriental a la Unión Europea y Asia se estimaba en 3.500 millones de dólares en 2010. En 2009 se estimó que generaban 870 mil millones de dólares por año, lo que equivale al 1.5% del PIB mundial (UNODC, 2011).

Elefantes, rinocerontes y tigres representan tres de las más grandes especies amenazadas que se sacrifican para comerciar con sus pieles o huesos. El marfil, los cuernos de rinocerontes y las partes del cuerpo de los tigres son los "productos" más populares de animales mayores traficados en varias partes de Asia sudoriental y África para comercializarlos en Asia. También hay numerosas especies silvestres más pequeñas que se cazan en el Asia sudoriental para incorporar sus partes a los productos de la medicina tradicional, la alimentación y la decoración, y que se capturan vivas para el comercio de animales domésticos.

Los grupos delictivos bien organizados han convertido la explotación ambiental ilícita en una actividad mercantil profesional con lucrativos ingresos que llevan a la explotación de especies amenazadas y protegidas en los parques nacionales. Anualmente, las autoridades de África y Asia informan de miles de casos de caza furtiva. En un solo incidente, se informó de que los cazadores furtivos habían matado 450 elefantes a principios de 2012 en el Parque Nacional de Bouba Yida, en el Norte del

Camerún.[39]

Los cazadores furtivos que explotan comercialmente el marfil están bien organizados y comercian con muchos países asiáticos o por medio de ellos. Entre 1989 y 2009 hubo por lo menos 55 incautaciones de grandes volúmenes de marfil, con un volumen medio de 2,3 toneladas. En los mercados de destino, esos embarques tenían un valor de aproximadamente 2 millones de dólares cada uno en el comercio mayorista (*ibídem*). No cabe duda que los negocios ilegales son los que mayor éxito tienen. Sólo detrás del tráfico de drogas y armas se ubica el de *animales*, en él se mezcla gente de todos los estratos sociales y hasta narcotraficantes que lo utilizan para incrementar su poder.

2.2. El Tráfico de Madera

Asia sudoriental alberga alrededor del 7% de los bosques de edad madura del mundo y también muchas especies de árboles singulares. Lamentablemente, la región está experimentando la tasa de deforestación más rápida del planeta. Parte de esta deforestación se debe a la tala ilícita y de esta manera, la delincuencia organizada contribuye a un perjuicio ecológico irreversible. Los bosques son esenciales para absorber carbono de la atmósfera y, por lo tanto, este delito tiene repercusiones mundiales. Las comunidades locales también se ven afectadas por los daños ecológicos, la corrupción de los funcionarios, la violencia, la pérdida de ingresos y medios de vida.

Se estima que la demanda asiática y europea de madera ilícita representa más de la mitad del mercado mundial. Se calcula que la Unión Europea importa aproximadamente el 20% de la madera objeto de tala ilícita en el mundo y que China importa alrededor del 25% (*ibídem*).

Los traficantes suelen utilizar documentación fraudulenta para el transporte transfronterizo de madera ilícita. Entre otros métodos, declaran falsamente que la madera es una variedad ordinaria o falsifican certificados de origen, en los que se declara que la madera procedente de una zona protegida proviene de un origen autorizado.

Una de las repercusiones de este comercio ilícito es su efecto sobre la corrupción. En muchos casos, la documentación necesaria para el

---

[39] Convención sobre el comercio internacional de especies amenazadas de fauna y flora silvestres (CITES): Comunicado de prensa. El Secretario General de la CITES expresa grave preocupación por las informaciones sobre matanza de elefantes en el Camerún http://www.cites.org/eng/news/pr/2012/20120228_elephant_cameroon.php

transporte de madera ilícita no se falsifica, sino que se adquiere a funcionarios corruptos en los países de origen de la madera. Las bandas dedicadas a la tala ilícita también pueden recibir diversos grados de ayuda de funcionarios corruptos (*ibídem*).

Debido al volumen del producto, la madera generalmente se transporta por mar o por carretera y entra por cruces fronterizos oficiales. El contrabando puramente clandestino es muy infrecuente o bien se utiliza documentación fraudulenta o se recurre al soborno de funcionarios de aduanas.

Con un volumen de mercado anual de unos 10 millones de metros cúbicos, el valor del tráfico de madera del Asia sudoriental a Europa y Asia se calcula en aproximadamente 3.500 millones de dólares por año (*ibídem*). En el pasado, algunas corrientes bilaterales de madera han sido principalmente ilícitas. Por ejemplo, se estimó que, en un momento entre principios y mediados del decenio de 2000, el 98% de la madera exportada por carretera desde Myanmar con destino a China era ilícito. Análogamente, en el punto máximo del problema de la tala ilícita en Indonesia, el 80% de la madera que salía del país era de origen ilícito. En ese momento, el Gobierno de Indonesia estimó que este comercio le estaba costando al país 4.000 millones de dólares por año, una cifra cinco veces superior al presupuesto de salud pública de Indonesia en 2004. En ese entonces, la deforestación registraba un ritmo de 2 millones de hectáreas por año, un volumen equivalente a 300 estadios de fútbol por hora (*Ibídem*).

La mayor parte de esta madera se había transformado en mobiliario y otros productos acabados, pero también se importaba madera bruta. El principal origen de madera talada ilícitamente era Indonesia. Es frecuente que se declare oficialmente que la madera de Indonesia proviene de Malasia y a menudo se le transporta desde otras partes de la región (*Ibídem*).

De acuerdo con la Convención Internacional sobre el Comercio de Especies Amenazadas de Fauna y Flora Silvestres, este tipo de "negocio" genera ganancias a nivel mundial por 25 mil millones de dólares al año, algo así como 274 mil millones de pesos, como en el caso del narcotráfico, los principales proveedores son países en desarrollo y la demanda se concentra en los industrializados (*Ibídem*).

3. LA SITUACIÓN EN MÉXICO

En México este fenómeno no es la excepción, de acuerdo a la Ley Federal Contra la Delincuencia Organizada esta se define como: Cuando tres o más personas se organicen para realizar, en forma permanente o reiterada, conductas que por sí o unidas a otras, que tienen como fin o resultado cometer alguno o algunos de los delitos siguientes: terrorismo, contra la salud, falsificación o alteración de papel moneda, en materia de hidrocarburos, acopio y tráfico de armas, tráfico de indocumentados, tráfico de órganos, corrupción de menores y trata de personas (Ley Federal Contra la Delincuencia Organizada).

Si bien es cierto que como tal los Delitos Ambientales no se encuentran catalogados como delincuencia organizada el objetivo es dar a conocer que detrás de actos delictivos cometidos contra el ambiente existen organizaciones que se encargan de acelerar el deterioro ambiental que sufre nuestro país.

Para tener una idea general de la problemática ambiental en México abordaremos de manera puntual este contexto:

A nivel mundial, México es considerado entre los países con mayor biodiversidad ocupa el cuarto lugar, y concentra casi el diez por ciento de las especies conocidas en el planeta. Por lo tanto tiene la enorme responsabilidad de llevar adelante con eficiencia y rapidez políticas de conservación encaminadas a proteger el medio ambiente y sobre todo los hábitat naturales que dan cobijo a miles de especies animales y vegetales (BALI, 2004).

Debido a su ubicación geográfica y a su diverso relieve, México tiene una gran diversidad de ecosistemas, que van desde lo más alto de las montañas hasta los mares profundos, pasando por desiertos, arrecifes de coral, bosques nublados, selvas y lagunas costeras (CONABIO, 2009).

A lo largo y ancho del territorio nacional, dependencias oficiales y organizaciones civiles desarrollan programas de conservación que seguramente influirán en la vida silvestre, buena parte de ellos en peligro debido a que su hábitat se ha reducido y a que sus fuentes de abastecimiento de alimento y de agua se han visto afectados; otros sufren las consecuencias que trae consigo el crecimiento de los núcleos urbanos e industriales y finalmente otras especies pueden estar sometidas a la acción de las personas que comercian ilegalmente con ellas (*Ibídem*).

Debido al deterioro que han sufrido los espacios naturales en México, son muchas las especies en peligro o amenazadas. Actualmente 700 especies están en peligro de extinción, existen 2,300 especies animales y 24,000 especies vegetales amenazadas, México ocupa el tercer lugar mundial en *tráfico de animales*. Sólo un 10% de los animales capturados en México sobreviven. Recientes análisis estiman que en México se perdieron 29,765 km^2 de bosque (superficie equivalente al estado de Guanajuato) de 1976 a 1993, mientras que de 1994 a 2000 se perdieron 54,306 km^2 (Superficie equivalente al estado de Campeche) (*Ibídem*).

En este mismo tenor, podemos resaltar lo que publican especialistas en el área de la criminología. Según Wael HIKAL (2009) el factor social se refiere a la influencia que tiene la sociedad, la crisis económica, la desigualdad social, crecimiento demográfico descontrolado, migración de una ciudad a otra como consecuencia de la pobreza por falta de empleo; la mala administración de justicia, ineficiencia en los centros de readaptación social, cuerpos de seguridad corruptos e insuficientes; exceso de lugares de vicio, venta incontrolada de alcohol y drogas y otras sustancias de efectos estimulantes y la falta de política criminológica.

Por tanto los recursos naturales no están ajenos a estas repercusiones, en la actualidad las políticas gubernamentales básicamente están orientadas a la llamada delincuencia organizada y a lo relativo al narcotráfico, sin que puedan reorientar sus políticas para atender los problemas ambientales, los cuales son el resultado directo de los factores sociales; con el ambiente también se lucra y hay bandas organizadas conocidas como "tala montes" y "traficantes de especies" que sin importar las repercusiones que acarrea la deforestación y la extracción de especímenes de su hábitat natural. No talan simplemente como medio de subsistencia si no como una forma de obtener grandes beneficios, es una incongruencia que nuestro país sea tan rico en recursos y tan pobre en la cuestión social, en ocasiones pobladores de las comunidades aledañas a los bosques, no tienen ningún beneficio de los recursos naturales que les rodean, y en el mejor de los casos pueden recoger algunos trozos de leña o algún organismo para poder comer y satisfacer sus necesidades básicas.

Para muestra basta un botón, el 17 de Junio de 2009, en Puerto Progreso Yucatán, la Armada de México, incauto un cargamento de cocaína oculta dentro de *tiburones* congelados.[40] Sin duda alguna con esto podemos demostrar que los recursos naturales son el vehículo para las prácticas de la delincuencia.

En este mismo contexto podemos citar los conflictos, que existen en aéreas boscosas de nuestro país, como el de *Cheran* ubicado en la zona de la meseta Purhépecha del Estado de Michoacán, el 28 de abril de 2011 el gobierno de Michoacán anuncia la muerte de dos personas por enfrentamiento entre comuneros de *cheran* y *talamontes* de comunidades aledañas. El 03 de Mayo la comunidad indígena de la entidad cumple 17 días en "estado de sitio" auto impuesto, como medida ante los ataques de la *delincuencia organizada*. En conferencia de prensa, pobladores encapuchados denuncian que desde hace tres años padecen la *tala ilegal de sus bosques* y la *depredación de su medio ambiente* por parte de

---

[40] Nota Periodística Publicada el 17 de junio de 2009. Por el Periódico "*El diario de Yucatán*"

personas que están supuestamente protegidas por grupos de la delincuencia organizada.[41]

Informes de inteligencia de la Secretaría de Seguridad Pública Federal indican que la tala no es el verdadero motivo de conflicto en *Cherán* y las comunidades aledañas, sino la proliferación de laboratorios para la fabricación de *cristal*. Los narcotraficantes "rapan" los montes como una medida de distracción.

La misma fuente confirma que hay aserraderos en esa región y que los delincuentes cobran protección a los negocios que venden artesanías y muebles de madera. Los narcotraficantes también controlan las minas de grava y arena de la Meseta Purépecha y eso le ha costado la vida a varias personas de la zona, incluyendo a periodistas que han denunciado los hechos.[42]

Vayamos ahora al caso de la comunidad "El Pescado" Municipio de Coyuca de Catalán, en el Estado de Guerrero, el campesino Enrique RODRÍGUEZ SANTANA, defensor de los bosques en esa zona de tierra caliente y primo hermano de Rubén SANTANA ALONSO, dirigente de la Organización Campesina Ecologista de la sierra de Petatlán y Coyuca de Catalán, ultimado el 15 de Febrero; vía telefónica, familiares de RODRÍGUEZ SANTANA explicaron que alrededor de las 16 horas del sábado unos 15 hombres armados con rifles AK-47 y AR-15 irrumpieron en el poblado El Pescado, que pertenece al ejido Los Guajes de Ayala; se dirigieron a la casa de Enrique RODRÍGUEZ, lo sacaron y lo *ejecutaron* ante sus parientes. Juventina VILLA MOJICA, esposa de Rubén SANTANA, pidió al gobernador Ángel AGUIRRE RIVERO que intervenga, "pues están acabando con mi familia", ya me mataron a mi esposo, a dos de mis hijos y a varios primos y amigos que defienden los bosques, pero el gobierno no hace nada, concluyó VILLA MOJICA".[43] El día 28 de noviembre, la dirigente de la Organización de Campesinos Ecologistas de la Sierra de Petatlán y Coyuca de Catalán (OCESPC), Juventina VILLA MOJICA, y su hijo Reynaldo SANTANA VILLA fueron ejecutados durante una emboscada en la Sierra Madre del Sur.[44]

Sin duda alguna, estos son solo algunos ejemplos de los muchos que existen derivados de estos conflictos, por tanto estimado lector usted mismo podrá sacar sus propias conclusiones en este sentido, ya que no es

---

[41] Cronología conflictos en Cherán., *El Universal.*, 07 de julio de 2012.

[42] ¿Qué sucedió realmente en Cherán? La historia detrás del enfrentamiento., *Sinembargo.com revista digital.*, 22 de Abril 2012.

[43] Ejecutan a Ecologista en Guerrero., *La Jornada.*, 05 de Septiembre de 2011

[44] Tenían vigilancia y aun así asesinan a activista y su hijo en Guerrero. *Proceso.*, 28 de noviembre de 2012.

casualidad que se les prive de la vida a las personas u activistas que están luchando por la protección de sus bosques…Sin duda alguna detrás de todo ello hay un interés, un lucro, una ganancia, las organizaciones criminales se encargan de aprovechar los recursos de manera irracional e ilegal.

Las ganancias en México por la tala ilegal de bosques dejan a la delincuencia organizada ganancias anuales por aproximadamente 15 mil millones de dólares, según el estudio *Justicia para los bosques mejorando los esfuerzos de la justicia penal para combatir la tala ilegal*, elaborado por el Banco Mundial (BM); así es, leyó usted bien 15 mil millones de dólares o su equivalente a pesos mexicanos corresponde a la nada despreciable cantidad de 180,900,000,000 millones de pesos. Además, en México, la probabilidad de que un delito de tala ilegal sea castigado es de menos de uno en cada 100 (0.082%).[45]

3.1. El hidrocarburo un recurso natural

Sin duda alguna otro gran problema que afronta México es el robo de hidrócarburo, de acuerdo al diputado Huberto Benítez Treviño en un semestre se detectaron 568 tomas clandestinas, lo que significa un promedio de 95 al mes o más de tres al día, cifra muy conservadora de acuerdo al suscrito, tomando en cuenta que en el Estado de Tamaulipas se realizan cuando menos dos denuncias de la paraestatal Pemex por robo de hidrocarburo al día. De acuerdo a datos oficiales se calcula que el detrimento al patrimonio Nacional es de 49 mil barriles diarios, si tomamos en cuenta que un barril tiene 159 litros, estamos hablando de 7 millones 790 mil litros, con una pérdida diaria cercana a 44 millones de pesos.[46]

Por ello se reforma el Código Penal Federal, La Ley General de Procedimientos Penales y la Ley Federal Contra la Delincuencia Organizada, para considerar en la actualidad el robo de hidrocarburo como delincuencia organizada. En este tenor usted se preguntará amigo lector ¿cuál es el vinculo entre el robo de hidrocarburo, delitos ambientales y delincuencia organizada? A simple vista la respuesta es muy sencilla, derivado de un robo de hidrocarburo existe lo que usualmente se conoce como "ordeña" o "toma clandestina" a los ductos

---

[45] ("Tala ilegal deja ganancias anuales por 15 MMDD al crimen organizado" (sic):Banco Mundial) *La Jornada.*, 21 de Marzo del 2012.

[46] Se considera delincuencia Organizada el robo de combustible a Pemex: Blake., *La Jornada.* 25 octubre 2011.

por donde se transporta el energético como gasolinas y diesel, derivado de esta ordeña, cuando no se hace de una manera hermética – regularmente no es un técnico especializado quien realiza la instalación– entonces la consecuencia es un derrame, en este sentido entonces la delincuencia organizada también incide en el detrimento del ambiente.

De acuerdo con Joaquín COLDWELL titular de la Secretaría de Energía (SE), el robo de combustibles por parte de la delincuencia organizada –sobre todo gasolinas y gas– asciende cada año a unos 5 mil millones de dólares. "Tenemos un serio problema (con eso). Hay un embate muy fuerte de la delincuencia organizada sobre los oleoductos de Pemex que transportan estos energéticos", que ocasionan "una gran pérdida de un recurso natural" y "atentan contra la economía del país", dijo el funcionario (ACOSTA, 2013).

Asociado a todo lo anterior y de acuerdo a la tesis, *Análisis de los delitos cometidos contra el ambiente en el Estado de Tamaulipas*, se logró establecer que en más del 90% de los delitos cometidos contra el ambiente en la modalidad de daño al suelo por hidrocarburo, estos fueron a consecuencia de un delito primario, es decir; asociado a robo de hidrocarburos como, condensado de campo, diesel y gasolina el resultado es derrame (ESTRADA, 2010) Afectando con ello el ambiente.

II. CONCLUSIONES

La delincuencia organizada opera a nivel mundial, el los *Recursos Naturales* son una fuente de ingresos, en particular el tráfico ilícito de fauna silvestre y madera.

A nivel mundial el comercio ilegal de fauna silvestre y madera esta debajo del tráfico ilegal de Drogas y Armas.

En México este delito genera ganancias por miles de millones de dólares al año, demostrando con ello el gran negocio que representa lucrar con la naturaleza, sin importar los daños que con ello se ocasiona.

México ocupa el tercer lugar mundial en tráfico de animales.

El mayor problema de este fenómeno es la pérdida de biodiversidad que sufre nuestro país, llevando con ello al deterioro ambiental.

Actualmente las políticas gubernamentales están orientadas a la llamada delincuencia organizada y a lo relativo al narcotráfico, sin que puedan reorientar sus políticas para atender los problemas ambientales, los cuales son el resultado directo de los factores sociales.

III. BIBLIOGRAFÍA

ACOSTA C., (29 abril 2013). Delincuencia roba 5mmdd de combustibles cada año alerta Coldwell. *Proceso.*

BALI J., (2004). Animales en Peligro, *Guía México Desconocido*, Edición Especial, México, Pp 95.

Cronología conflictos en Cherán. (07 Julio 2012). *El Universal.*

Convención sobre el comercio internacional de especies amenazadas de fauna y flora silvestres (CITES): Comunicado de prensa. El Secretario General de la CITES expresa grave preocupación por las informaciones sobre matanza de elefantes en el Camerún: consultado el 10 abril 2012. http://www.cites.org/eng/news/pr/2012/20120228_elephant_camero on.php

Ejecutan a Ecologista en Guerrero. (05 Septiembre 2011). *La Jornada.*

Especialistas: México, "Punto importante en el contrabando de fauna a EU. (21 julio 2012). *La Jornada.*

ESTRADA I. (2010). *Análisis de los delitos cometidos contra el ambiente en el Estado de Tamaulipas.* Tesis de Maestría. Universidad Autónoma de Tamaulipas.

ESTRADA I. (2009). Criminología y Criminalística ambiental. *Criminogénesis.* Número Especializado Vol. 5. Octubre.

KATJA E., GORAZD M. y CHARLES B. (2009). Crimes against the Environment: Green Criminology and Search challenges in Slovenia. *Journal of Criminal Justice and security*, year 11 No.4 pp574-592.

Ley Federal Contra la Delincuencia Organizada. Última reforma DOF 14-06-2012.

México, foco de atención de tráfico de especies. (31 mayo 2005) *Es mas.*

Norma Oficial Mexicana *NOM 059-SEMARNAT-2010.* Protección Ambiental-Especies nativas de México de flora y fauna silvestres-Categorías de riesgo y especificaciones para su inclusión, exclusión o cambio-lista de especies en riesgo.

Oficina de las Naciones Unidas contra la Droga y el Delito, Estimación de las corrientes financieras ilícitas provenientes del tráfico de drogas y otros delitos organizados transnacionales: informe de investigación. (Viena, Octubre de 2011). www.unodc.org/documents/data-and-analysis/Studies/Illicit_financi al_flows_2011. web.pdf

CONABIO (2009). Página oficial (www.conabio.gob.mx/los_ecositemas_de_mexico.) Consultada 25 de mayo de 2009.

¿Qué sucedió realmente en Cherán? La historia detrás del enfrentamiento (22 de Abril 2012). *Sinembargo.*

Se considera delincuencia Organizada el robo de combustible a Pemex: BLAKE. (25Octubre 2011). *La Jornada.*

SOON Y., ANAYA H, (2011). Citado en Tráfico Ilegal de Especies Silvestres: una amenaza para la Biodiversidad., 2012. Instituto Nacional de Ecología (INE).Tala ilegal deja ganancias anuales por 15 MMDD al crimen organizado:Banco Mundial; (21 marzo 2012) *La Jornada.*

Tenían vigilancia y aun así asesinan a activista y su hijo en Guerrero. (28 noviembre 2012). *Proceso.*Tiburones congelados (17. Junio 2009). *El diario de Yucatán.*

Tráfico Ilegal de Especies Silvestres: una amenaza para la Biodiversidad. (2012). Instituto Nacional de Ecología (INE).

UNODC, The Globalization of Crime: A Transnational Organized Crime Threat Assessment. (2010).http://www.unodc.org/documents/dataand.analysi/tocta/TOC TA_Report_2010_low_res.pdf

VELÁSQUEZ, A., J.F. MAS, J.R. DÍAZ-GALLEGOS, R. MAYORGA-SAUCEDO, P.C. ALCÁNTARA, R. CASTRO, T. FERNÁNDEZ, G. BOCCO, E. EZCURRA Y J.L. PALACIO. (2002). *Patrones y tasas de cambio de uso del suelo en México.* Gaceta 62. Instituto Nacional de Ecología. SEMARNAT, México pp. 21-37., citado en *www.wwf.org.mx/wwfmex/prog _bosques_ deforestacion.php.* Consultado el 19 de julio de 2009.

HIKAL, W. (2009). Los Factores Criminógenos Exógenos. En *Revista del Instituto Universitario de Investigación criminológica y Ciencias Penales de la UV.* Consulta. http//www.uv.es/recrim, 2009.

HIKAL W., y ESTRADA I. (2012). Los Derechos de la Naturaleza (un mundo sin insectos) En: *Criminología ambiental: Los delitos ambientales.* México. Ed. Laguna pp 178-191.

VII

LA DELINCUENCIA ORGANIZADA EN ESPAÑA

JUAN ANTONIO CARRERA ESPALLARDO[47]
ESPAÑA

I. INTRODUCCIÓN: la delincuencia —1. LA POLICÍA — 2. LA REALIDAD CRIMINAL — 3. LA DELINCUENCIA EN ESPAÑA — 4. LA DELINCUENCIA ORGANIZADA — 4.1. Circunstancias que favorecen la delincuencia organizada — 4.2. Estructura de los grupos de delincuencia organizada — 4.3. Tipos de organizaciones criminales — 4.4. La criminalidad organizada en España — 4.5. Tipos penales en España (delitos del Código Penal) — 4.5.1. El delito de organización criminal y el delito de grupo criminal — II.CONCLUSIONES — III. BIBLIOGRAFÍA.

I. INTRODUCCIÓN: la delincuencia

Toda sociedad sufre el problema de la delincuencia, la cual es variable dependiendo de las normas que establezcan lo que está o no prohibido penalmente. Según RUIZ (2010) su carácter social le imprime mutabilidad constante, pues se adapta a los cambios que se producen en la comunidad, varía su etiología, evolución y consecuencias. Su naturaleza y formas de presentación afectan de modo significativo a la percepción ciudadana hasta convertirse continuamente en una de las principales preocupaciones.

El control legal de la delincuencia es competencia del Estado, pues la seguridad de los ciudadanos es un derecho fundamental de competencia estatal. Al abandonarse la venganza privada como modo de resolución de conflictos, con la instauración del Estado moderno, éste asume el deber de garantizarla a través de sus instituciones.

A la hora de establecer planes, tanto preventivos como reactivos, de acción y control frente al delito resulta básico el conocimiento de su magnitud, etiología y evolución, así como determinar qué factores favorecen o facilitan su comisión.

Eliminar el delito es imposible, además sería contraproducente pues si bien ha sido considerado tradicionalmente como la

---

[47] Universidad de Murcia.

consecuencia de la ausencia de control, en la actualidad lo es como fenómeno integrador de la sociedad, constituyendo el umbral que separa las conductas consideradas intolerables de las tolerables, aunque estas últimas puedan incardinarse como infracción en otras ramas del derecho. La misión de la Administración, a través de las Fuerzas y Cuerpos de Seguridad, es la de mantener o mitigar en la medida de lo posible el efecto intimidante que provoca el delito en la sociedad (*Ibídem*).

La definición del término delincuencia no es única, existen multitud de definiciones. En términos generales, el delito es una conducta que la sociedad considera contraria a sus valores, y por esa razón la reprime imponiendo una sanción que inflija un dolor o constituya una pérdida importante desde el punto de vista moral o material para el individuo que ha infringido la norma y que debe ser castigado. Éste es, por supuesto, un concepto general, basado en las reacciones sociales originales que ha evolucionado a lo largo del tiempo, planteando nuevas finalidades a la sanción que la sociedad impone, la más reciente de ellas: la idea de que esa sanción debe servir para readaptar o rehabilitar a quien ha infringido las reglas sociales porque se estima que la propia sociedad genera el fenómeno delictivo.

El concepto jurídico viene establecido en el artículo 10 de la L.O. 10/1995, de 23 de noviembre, del Código Penal Español (en adelante CP): "Son delitos y faltas las acciones u omisiones dolosas o imprudentes penadas por la Ley". Esta definición establece que existen determinadas conductas que se encuentran tipificadas en una norma penal como prohibidas y por lo tanto lo que no se encuentra regulado es lo que está permitido, siempre y cuando no sea una infracción de otro tipo (podría caber la infracción administrativa).

El artículo 13 del CP establece un concepto con mayor virtualidad operativa, al contener una clasificación de las conductas contrarias a la norma penal en función de su nivel de reprochabilidad, así distingue entre delitos graves, menos graves y faltas, asignando respectivamente consecuencias jurídicas con progresivo descenso en la intensidad de la pena.

Raffael GAROFALO señalaba que la motivación del delito está basada en dos sentimientos: la piedad y la probidad en las personas no delincuentes. La piedad sería el sentimiento de compasión que nos hace evitar hacer daño a los otros, la probidad estaría relacionada con los valores del daño material y el respeto por la propiedad ajena. En el delincuente fallarían uno o los dos. Este concepto de delito no resultó válido por no ser generalizable (*passim*).

Para la Criminología el delito es un problema individual y social que debe tener como respuesta del Estado una sanción penal. Todo fenómeno social resulta difícil de definir. Con respecto a la delincuencia, a esta dificultad se añade el problema de su continua mutabilidad, pues lo que hoy es delito no siempre lo ha sido y viceversa, no obstante se ha de intentar acotar un concepto que, sin ser universalmente válido, sí resulte idóneo para la concreta investigación que se va a realizar.

El debate académico sobre la necesidad de una definición universal del delito ha ido perdiendo interés, hasta el punto de que se sugiere utilizar el concepto que más convenga a la concreta investigación. Según GARCÍA PABLOS (1998: 76) "[...] cuando ésta persiga estudiar cuestiones jurídico políticas relativas a la descriminalización –o la neocriminalización– procedería operar con un concepto material de delito. Por el contrario, si se trata de analizar el volumen, estructura y movimiento de la criminalidad, deberá tomarse como punto de partida la definición jurídico penal del delito [...]".

El delito tiene una significación eminentemente jurídica, está delimitado por las leyes en un Estado de derecho, las cuales se van adaptando a las necesidades sociales (BARBERO, 2004).

Por lo tanto, acotar un concepto válido y universal es complejo, debiendo establecerse parámetros que lo limiten y describan en el contexto de la concreta investigación. El delito es un fenómeno connatural a la sociedad, ha existido siempre como una desviación de las conductas normales y probablemente mientras la humanidad sea humanidad no se erradicará por completo.

Según GONZÁLEZ (2012), los datos ofrecidos por la Dirección General de Instituciones Penitenciarias muestran una propensión más alta a delinquir por parte de los inmigrantes que de la población autóctona. Sin embargo, estas cifras necesitan una matización. La mayoría de los delitos cometidos por extranjeros tiene su origen en los residentes ilegales. Es en este grupo en el que se concentran los niveles más elevados de criminalidad y probablemente está ligado en lo esencial a la penetración y establecimiento de redes de delincuentes profesionales en nuestro país.

El traslado de emigrantes desde sus países de origen hasta los destinos elegidos en Europa está en manos de poderosas redes clandestinas que facilitan el viaje a cambio de elevadas sumas de dinero. Las mafias obtienen miles de millones de euros anuales en beneficios por estas actividades ilícitas. En algunos casos, los emigrantes sólo pueden pagar una parte del precio y retrasar el pago hasta que los esperados ingresos de su nueva vida les permitan cancelar la deuda. Si el dinero no llega, las mafias ponen en marcha distintas fórmulas de extorsión que desembocan en la explotación sexual, secuestros o asesinatos.

La explotación sexual de mujeres extranjeras es una de las prácticas ilegales más extendidas en Europa. Las inmigrantes sometidas por las mafias se ven obligadas a prostituirse para satisfacer las deudas. La mayoría de estas mujeres no suelen denunciar su situación por temor a represalias sobre sus familias y por su situación ilegal en España. Otra de las actividades lucrativas de las redes mafiosas se basa en la tramitación ilegal de documentación.

1. LA POLICÍA

El artículo 149.29 de la Constitución Española de 1978 (en adelante CE) señala que: "La seguridad pública es competencia exclusiva del Estado, sin perjuicio de la posibilidad de creación de policías por las Comunidades Autónomas en la forma en que se establezca en los respectivos Estatutos en el marco de lo que disponga una ley orgánica". La Ley Orgánica 2/1986, de 13 marzo, de Fuerzas y Cuerpos de Seguridad (en adelante LOFCS) establece el modelo policial español en base a un núcleo estatal (compuesto por el Cuerpo Nacional de Policía y Guardia Civil), policías de carácter autonómico, tanto de carácter especial (Ertzaintza, Mossos D´Esquadra y Policía Foral Navarra) como general (Galicia, Andalucía,...), y por último las Policías Locales de las Entidades Locales, cuyas funciones se detallan en el artículo 53 de la LOFCS, aunque sus competencias en la persecución e investigación de delitos se ve fuertemente limitada en el marco normativo a pesar de que en el plano real y cotidiano realizan muchas de las competencias que no tienen atribuidas de forma específica.

El Estado es consciente del potencial, en materia de seguridad, que poseen los cuerpos dependientes de los municipios (policías locales), por ello se han establecido convenios de colaboración entre el Ministerio del Interior y la Federación Española de Municipios y Provincias. El aspecto más innovador se refiere al fomento de la participación de la Policía Local en las funciones de Policía Judicial, a través de Convenios bilaterales, tanto en lo referente a la recepción de denuncias como a la investigación de determinadas infracciones penales, cuando constituyan falta o delitos menos graves.

2. REALIDAD CRIMINAL

Delincuencia registrada: total de infracciones penales que llegan al conocimiento de las instancias oficiales (Fuerzas y Cuerpos de

Seguridad, Ministerio Fiscal, Juzgados, Institutos de Medicina Legal, [...].

Delincuencia real: total de infracciones penales cometidas. Es imposible conocerla, conformada por la delincuencia registrada más la *cifra negra*, por lo que se ha de recurrir a inferencias que se aproximen.

Cifra negra: infracciones penales que no llegan al conocimiento de las instancias oficiales. Son aquellas conductas que las víctimas reconocen como delitos o faltas, pero que no llegan a denunciarse por diversos motivos. Las encuestas de victimización resultan de utilidad para aproximarse a ella.

Delincuencia desconocida: es una parte de la *cifra negra*, se trata de aquellos comportamientos que ni siquiera las propias víctimas saben que lo han sido, por lo que no es posible conocerla.

Delincuencia no reconocida: se inscribe también en la *cifra negra*, son supuestos en los que la afectación al bien jurídico es considerada legítima por el perjudicado, aunque en realidad se trata de una infracción penal.

3. LA DELINCUENCIA EN ESPAÑA

Los registros del Ministerio del Interior constituyen la fuente más adecuada. Incorporan datos por denuncias por delitos y faltas cometidos, recopilados en formularios estandarizados y sistematizados por fechas de comisión y categorías delictivas, lo que permite un análisis longitudinal de la delincuencia. Sin embargo no reflejan la "cifra negra".

Durante la década de los 80 se produce en España un crecimiento progresivo (según el Anuario Estadístico del Ministerio del Interior de 1998, de 408.947 delitos denunciados en 1980 a 1.030.996 en 1989), lo que supone el mayor incremento delictivo conocido en España, pues se produce un aumento del 152%. Es una década de modernización y crecimiento socioeconómico, pero también del auge del consumo de heroína y la expansión de otras drogas tóxicas y sustancias estupefacientes, de lo que se deriva todo un entramado de conductas contrarias al orden penal. Comienza a instaurarse una profesionalización de la delincuencia y los delitos contra el patrimonio experimentan un crecimiento desorbitado, el uso de la violencia o intimidación para alcanzar el fin criminal hace mella en la percepción ciudadana de inseguridad. Durante los años 90 se produce una estabilización descendiente (Anuario Estadístico del Ministerio del Interior de 1998). A pesar de la existencia de una primera etapa de minoración progresiva, la percepción ciudadana de inseguridad experimenta un considerable incremento, fruto de la interiorización del riesgo en las sociedades postindustriales. Numerosos grupos de presión influyen en la adopción de políticas criminalizadoras. Es la década del desarrollo de la delincuencia organizada. Como consecuencia del nuevo escenario político y social, se promulga la L.O. 10/95, de 23 de noviembre (CP), que adapta el ordenamiento jurídico penal a las recientes exigencias.

4. LA DELINCUENCIA ORGANIZADA

La delincuencia organizada ha sido una de las amenazas que ha merecido mayor número de acciones europeas para su comprensión y reducción pero seguirá constituyendo uno de los grandes retos de la seguridad para los próximos años en el ámbito europeo (SOLANA, 2004).

La delincuencia organizada es uno de los grandes problemas, a nivel internacional, que están presentes en nuestra sociedad. Su poder político, económico y social es capaz de traspasar fronteras con facilidad, haciendo más difícil seguir el rastro del delincuente. Pero este fenómeno no es nuevo, ha existido siempre, los delincuentes se han organizado de una u otra forma a lo largo de la historia para cometer los actos delictivos. Lo que realmente es novedoso y preocupante es la dimensión internacional que está adoptando este problema, que traspasa fronteras, favorecido por el avance económico, político y social y que carece de regulación penal en muchos países, lo cual facilita el blanqueo de capitales y el tráfico de armas, drogas o seres humanos.

Pero ¿qué es el crimen organizado? Según QUEVEDO (2013), para los desconocedores de la crónica negra, el crimen organizado estaría relacionado con delitos de sangre (por el término crimen), pero el porcentaje de violencia física (por lo menos en la Unión Europea) no es el factor predominante de estos grupos.

En España, el problema la criminalidad organizada surge los años 70 (transición a la democracia que requirió un tiempo para adaptar los medios de investigación a la legalidad vigente, auge del turismo, delincuencia sudamericana que huye de los países dictatoriales [...]), habiendo experimentado un notable incremento en los últimos años con la implantación de organizaciones de diferentes países, italiana, turca, chinas, Europa del Este...dedicadas a todo tipo de actividades ilegales (*passim*).

El crimen organizado es, desde hace ya unas décadas, una prioridad en el ámbito de la seguridad internacional. Desde la Organización de Naciones Unidas se alerta periódicamente respecto a la amenaza que suponen los grupos criminales de influencia transnacional tanto para la seguridad de las personas individuales como para la estabilidad social, económica y política de las instituciones democráticas. La labor de dicha institución respecto a la criminalidad organizada ha sido intensa, especialmente a partir de la Convención contra la Delincuencia Organizada Transnacional, suscrita en Palermo en el año 2000. La Unión Europea lleva también una larga trayectoria en materia de lucha contra la delincuencia organizada que se ha materializado en numerosas acciones legislativas. En el ámbito europeo, la Estrategia de Seguridad Interior de la Unión Europea del año 2010 destaca la delincuencia organizada como uno de los mayores desafíos para la seguridad de la Unión Europea, siendo los mercados de la droga, la delincuencia económica, la trata de personas, el tráfico de armas y el blanqueo de capitales algunas de sus manifestaciones más graves.

La lucha contra los grupos criminales es también objetivo preferente de actuación para la Fiscalía General del Estado, como se ha puesto de manifiesto reiteradamente en las memorias de los últimos años, que incluyen un apartado específicamente dedicado a examinar, a partir de la experiencia adquirida en el trabajo cotidiano, la actividad de los distintos órganos del Ministerio Fiscal en relación con la delincuencia o criminalidad organizada.

INTERPOL define la delincuencia organizada transnacional como cualquier grupo que tiene una estructura corporativa cuyo objetivo primario es obtener dinero a través de las actividades ilegales y sobreviviendo a menudo gracias al miedo y la corrupción. El Comité Especial de las Naciones Unidas, en su Convención contra la Delincuencia Organizada Transnacional, propone la siguiente definición: "Se entiende por grupo delictivo organizado, un grupo estructurado, existente durante un período de tiempo y que tenga por fin la comisión de un delito transnacional grave, mediante la acción concertada, utilizando la intimidación, la violencia, la corrupción u otros medios, para obtener, directa o indirectamente, un beneficio económico u otro beneficio de orden material".

La Convención de Naciones Unidas contra la Delincuencia Organizada Transnacional del año 2000 define al grupo criminal organizado, en su artículo segundo, como un grupo estructurado de tres o más personas que existe durante un cierto tiempo y que actúa concertadamente con el propósito de cometer uno o más delitos graves, con la intención de obtener, directa o indirectamente un beneficio material o económico. Dicha definición ha sido muy criticada por su imprecisión, por su laxitud y por traicionar la pretensión original de reservar el concepto de "crimen organizado" (sic) para su aplicación exclusiva a casos de delincuencia grupal que tuvieran un elevado impacto social.

La Asociación Internacional de Derecho Penal, dice que existe cuando al menos tres personas, con intención de cometer de forma continuada infracciones graves, se involucran en una estructura estable y con capacidad de cometer esas infracciones. Para la ONU, supone la existencia de un grupo estructurado de tres ó más personas, desde hace un cierto tiempo, y que tiene por finalidad la comisión de infracciones graves para obtener un beneficio financiero, material ó de otro tipo. El Grupo de droga y criminalidad organizada de la Unión Europea, requiere que se dé con vocación de permanencia, la colaboración entre dos ó más personas, para llevar a cabo infracciones graves, y que actúen para conseguir beneficios ó poder. También incluye 7 elementos más, de los que por lo menos deben darse dos: disciplina interna, violencia, blanqueo de dinero, uso de estructuras comerciales para encubrir sus actividades, influencia en medios políticos, judiciales, económicos y actividad internacional.

GARRIDO, STANGELAND y REDONDO (2001) hacen ver las posiciones encontradas en cuanto a la organización de las actividades criminales, tomando como referencia el libro *El robo de una Nación* de CRESSEY (1969) en el cual se explica los orígenes de la mafia americana a partir de la exportación de la mafia italiana, y sobre el que BLOCK también citado por estos autores retrata a los mafiosos como pertenecientes a organizaciones en las que "se planea el negocio del crimen, se establecen contactos, se cometen delitos, se disfruta de los beneficios del crimen, y se establecen los canales para integrar a los criminales organizados dentro de la vida civil" (GARRIDO, STANGELAND, y REDONDO, 2001: 682).

Cualquier intento por definir universalmente este fenómeno, según GONZÁLEZ (2012) encuentra serias dificultades, dada la dimensión subjetiva de la noción de delito. No obstante, el concepto de delincuencia organizada se habría empezado a utilizar por el año 1920 en los informes que la policía norteamericana realizaba sobre las actividades transgresoras de la prohibición del alcohol (1919-1933). Momentos en los que se desarrolló un comercio ilegal que supuso unos enormes beneficios para las organizaciones mafiosas, que las convirtieron en más poderosas.

El florecimiento de su actividad hasta nuestros días, tanto cuantitativa (aumento de los tráficos ilícitos, actos de violencia, fraude, corrupción, blanqueo de dinero, etc.) como cualitativamente (profesionalización, extensión de las redes, internacionalización, etc.), permite afirmar que la delincuencia organizada es una verdadera industria, y se ha convertido en una amenaza para muchos Estados.

La delincuencia organizada es, hoy por hoy, un fenómeno internacional altamente productivo para dichos grupos, por lo que no les importa invertir en técnicas cada vez más sofisticadas para conseguir sus objetivos. Según GONZÁLEZ (2012) algunos estudios sostienen que representa un volumen económico anual superior en tres veces los presupuestos de la República Francesa.

Este incremento de la actividad de los grupos criminales organizados ha sido posible, entre otros, gracias a unas dinámicas económicas y sociales que han irrumpido desde hace años en el escenario internacional. Una de ellas es la nueva división internacional del trabajo, que ha instaurado un gran mercado global a través de la libertad de comercio y la revolución de los transportes, acompañados del florecimiento de la libertad de circulación de personas, bienes y capitales.

Más recientemente, la revolución informática y telemática ha disparado las posibilidades de actuación internacional de los grupos criminales. Internet, los teléfonos móviles y otros equipamientos electrónicos, que favorecen un intercambio de información rápida y segura, aumentan las facilidades para cometer actos delictivos organizados (pornografía infantil, tráfico de drogas, blanqueo de dinero, juego ilegal, prostitución, tráfico de armas, etcétera). Las organizaciones delictivas realizan negocios tanto legales como ilegales según su conveniencia, se rigen por el principio de "el negocio es el negocio", el delito constituye solamente un instrumento para la consecución de los fines materiales.

El artículo 282 bis del Real Decreto de 14 de septiembre de 1882, aprobatorio de la Ley de Enjuiciamiento Criminal (en adelante LeCrim) ofrece un concepto de delincuencia organizada, entendiéndola como: asociación de tres o más personas para realizar, de forma permanente o reiterada, conductas que tengan como fin cometer algún delito, enlistando los que se tomarán en cuenta para este precepto, como trata de personas, tráfico de órganos, propiedad intelectual, entre otros. Así también, regula la figura del agente encubierto exentándolo de responsabilidad criminal por aquellas actuaciones que sean consecuencia necesaria del desarrollo de la investigación, siempre que guarden la debida proporcionalidad con la finalidad de la misma y no constituyan una provocación al delito.

En el campo criminológico se ha puesto de manifiesto la complejidad del concepto de criminalidad organizada, ya que bajo dicha denominación se integran una multiplicidad de fenómenos y realidades muy diferentes. Así, junto a las organizaciones criminales clásicas (la Cosa Nostra norteamericana, las mafias italianas, los cárteles mexicanos y colombianos, las mafias rusas, las triadas chinas o los yakuzas japoneses) existen otros grupos que presentan diferencias notables en cuanto a estructura interna, número de miembros, permanencia en el tiempo, formas de actuación, etc., que no obstante podrían ser incluidos en ese mismo concepto.

¿Cuál es el papel del criminólogo en el estudio de la criminalidad organizada? Como sabemos, la Criminología es una ciencia empírica e interdisciplinaria, cuyo objeto de estudio es el delito, el delincuente, la víctima y el control social del comportamiento desviado, o sea, la sociedad en sí misma. Según QUEVEDO (2013) la función del criminólogo está estrechamente vinculada con el estudio y la investigación, de ahí que los estudios criminológicos puedan concluir los factores que desencadenan la formación, organización y distribución de los grupos criminales organizados. Al ser una ciencia explicativa, entre otros aspectos, su finalidad es descubrir las causas que influyen en el fenómeno criminal. Un análisis sobre el enfoque criminológico de la criminalidad organizada de MORENO GONZÁLEZ[48] concluye con las ideas de los pensadores FRANCESCO CARNELUTTI[49]: "no es bastante reprimir los delitos; es necesario prevenirlos" y de ELIAS NEUMAN[50]: "no creo que desde las leyes pueda frenarse el delito. Me inclino hacia la prevención y estudio crítico de carácter social" (MORENO, s.f.).

4.1. Circunstancias que favorecen la delincuencia organizada

Para VILORIO DE LA FUENTE (1999), hay determinadas circunstancias que favorecen el asentamiento de la delincuencia organizada:

- Proceso de integración comunitaria de los Estados.
- Ruptura de la asociación de los Estados.
- Vulnerabilidad de las fronteras.
- Conflictos políticos y armados.
- Confluencia de regiones con grandes desequilibrios económicos.

---

[48] Rafael MORENO GONZÁLEZ es un médico cirujano y experto en Criminalística, pionero en el campo de la criminalística mexicana.

[49] Uno de los más eminentes abogados y juristas italianos de finales del siglo XIX y principios del XX):

[50] Francesco CARNELUTTI, abogado y criminólogo argentino, experto en victimización.

- Existencia de paraísos fiscales.
- Globalidad de las comunicaciones.
- Liberalización de los mercados.

4.2. Estructura de los grupos de delincuencia organizada

La mayoría de los grupos criminales tiene una estructura jerarquizada con distintos niveles, principalmente tres o cuatro. La organización es hermética, reparte rigurosamente el trabajo y las tareas, y es muy estricta a la hora de pedir responsabilidades de sus miembros a todos los niveles.

En la dirección, el jefe suele estar acompañado por personas pertenecientes a la misma familia, o al mismo grupo étnico. Raramente participa en la comisión del hecho delictivo, se queda a la sombra. Aparenta ser un hombre de negocios con un comportamiento irreprochable. Trata de no llamar la atención, evitar ser inculpado y mantener una apariencia de respetabilidad. Dispone de toda una red de consejeros (economistas, contables, abogados e informáticos) que le asesoran en sus actividades. Para ser elegido jefe de la organización, se necesita, además de una autoridad natural, relaciones familiares, fuerza física, y muy buenas amistades en el mundo del hampa.

Los jefes de estos grupos disponen de una guardia pretoriana que les ofrece seguridad a sí mismos, a los miembros de su familia, y a los bienes e inmuebles que poseen. A nivel intermedio de la organización, se encuentra el escalón responsable de la ejecución de las actividades delictivas y sus miembros están autorizados a resolver cuestiones estratégicas simples. No tienen poder de decisión a nivel financiero y no cuentan con los consejeros del jefe. En el nivel más bajo se encuentran las personas que ejecutan las actividades delictivas, y cuyo número fluctúa en función de las necesidades de la organización y la situación del momento.

Según GONZÁLEZ (2012), las personas que cometen actos delictivos de forma organizada son frecuentemente jóvenes, de 20 a 45 años. En ese mundo, la edad determina casi siempre las tareas a realizar. Los jefes tienen entre 30 y 45 años, y los que ejecutan las órdenes entre 20 y 30 años. Por lo general, son hombres que pertenecen a la misma familia y al mismo grupo étnico. Esto dificulta la infiltración por parte de la policía. Los grupos criminales más exitosos se ubican en Italia, Japón, Colombia, Rusia, Europa del Este, Nigeria y el Lejano Oriente. En otros países, se sirven de las minorías étnicas para crear la infraestructura necesaria para llevar a cabo sus actividades. La delincuencia organizada prefiere las zonas urbanas y dinámicas para instalarse y eligen un país no solamente por su situación geográfica, sino por su sistema financiero, su infraestructura aérea y marítima, y las posibilidades que ofrece para invertir. Siguiendo a KAISER (1985) se pueden apreciar una serie de características que definen la delincuencia organizada:

• Asociación duradera de una pluralidad de personas: Estas organizaciones criminales están formadas por numerosos miembros (3 o más) que se asocian para delinquir.

• Estructura organizada y jerarquizada: Hay una perfecta división del trabajo en la que cada miembro juega su papel de forma coordinada con los demás. Todos los componentes obedecen a sus jefes. Existen mandos "supremos" intermedios y la "tropa".

• Carácter de perdurabilidad en el tiempo: La organización es permanente, sus miembros van pasando pero ella sigue existiendo, se va renovando y adaptando a los nuevos tiempos.

• Su actividad se centra en negocios ilegales, adaptados en cada momento a las necesidades de la población: Estas organizaciones criminales "suministran" a los ciudadanos aquellas actividades o sustancias prohibidas por los Estados. Estas actividades o bienes prohibidos van cambiando a lo largo de la historia de las naciones y los grupos criminales se van adaptando, y cubren las "necesidades" solicitadas por la sociedad.

• Tecnología flexible al delito y variedad de medios para delinquir: Esta delincuencia se adapta constantemente a los tiempos actuales y emplea la amenaza, la extorsión, el robo, el asesinato, los tráficos ilícitos, entre otros delitos, en su actividad diaria.

• Aspira a consolidar posiciones de poder económico y político: Actúa como grupo de presión a nivel político y económico e intenta controlar determinadas instituciones políticas y financieras.

• Internacionalidad y movilidad: Trata de extender su acción criminal internacionalmente. Cambia constantemente de "zonas de actuación" cuando por razones estratégicas le interesa.

• Férrea disciplina: Los miembros de la organización están obligados a obedecer, a no quebrantar la "ley del silencio" y si lo hacen son fuertemente castigados.

• Su objetivo principal es el lucro económico y corromper el sistema económico y político.

Siguiendo a GARRIDO, en los grupos organizados podríamos describir tres tipos de delincuentes:

    • Funcionarios, hombres de negocios y empleados, comprados por su ambición, que hacen dejación de sus funciones, colaborando en el sostenimiento de la organización.
    • Personas que reciben una socialización en la cultura de la mafia. En su edad adulta, ostentaran los puestos de responsabilidad en la organización.
    • Sujetos marginales, que aspiran a integrarse en estas organizaciones para alcanzar un mayor Status. Serian delincuentes comunes si no existieran grupos organizados que operen en su medio.

La Circular 2/2011 de la Fiscalía General del Estado sobre la reforma del Código Penal por Ley Orgánica 5/2010 en relación con las Organizaciones y Grupos Criminales (en adelante CIRCULAR 2/11), cabe señalar que en el marco de la investigación policial transnacional se han establecido determinadas pautas a partir de las cuales cabe considerar que existe crimen organizado. Concretamente si se dan como mínimo seis signos característicos de entre los que se mencionan a continuación, que igualmente operan como indicadores de calidad y que permiten establecer, en atención a su intensidad, cuál es el nivel de riesgo que presentan los distintos grupos:

    1.   Existencia de un grupo de personas más o menos numeroso.
    2.   Reparto de tareas o de papeles entre los miembros del grupo con existencia de rígidas normas de disciplina interna y de una jerarquía, a veces extravagante.
    3.   Actuación prolongada en el tiempo o indefinida.
    4.   Comisión de actos delictivos graves. Se despliegan habitualmente técnicas o métodos complejos de ejecución para garantizar el éxito de las actividades delictivas
    5.   Actuaciones transnacionales o intensa movilidad territorial dentro del Estado.
    6.   Uso sistemático de la violencia o de la intimidación grave.

7. Utilización de instrumentos jurídicos legales para crear estructuras económicas o comerciales.
8. Actividades de blanqueo de capitales.
9. Influencia sobre cargos públicos o personas que desempeñen su función en la esfera política, medios de comunicación social, funcionarios de la Administración Pública, y/o de la Administración de Justicia o sobre la actividad económica mediante la corrupción.
10. Finalidad primordial de obtención continuada de beneficios económicos o de cualquiera de las diversas formas de influencia política, social o económica.

4.3. Tipos de organizaciones criminales

La mafia: Nacida en Sicilia. Decía el Juez FALCONE, que la Mafia es un modo de ser y de sentir, y al mismo tiempo una organización criminal, en su mundo significa ser un hombre de honor, fiel al grupo. Convergen cultura popular, tradición, disciplina y patriotismo.

Según GONZÁLEZ (2012) se trata de una organización de grupos criminales, llamados "familias" que se han dotado a sí mismos de un conjunto de normas muy estrictas. De todo ello, ha nacido una estructura piramidal llamada "Cosa Nostra" que es considerada la organización mafiosa más importante de Italia, y que se caracteriza, entre otros, por su potente ley del silencio, llamada "omertá". Se dedican a establecer monopolios en su territorio, al tráfico de drogas, a las inversiones ilegales en el sector inmobiliario, al tráfico de armas y a la falsificación del papel moneda.

Su estructura organizacional y de poder es piramidal. En la base están los hombres de honor, luego los subjefes, los consejeros, los jefes de familia, la cúpula provincial, y la máxima autoridad, que es la Comisión, al cargo de la cual hay un Jefe.

Junto con la Mafia siciliana conviven otras organizaciones mafiosas como la N'Drangheta en la región de Calabria, la Camorra en la región de Campania, la Sacra Corona Unita en Puglia y la Anónima Sarda en Cerdeña.

Los grupos organizados Albaneses: Estas dos últimas décadas se han caracterizado por movimientos migratorios de ciudadanos albaneses, especialmente hacia Italia. Momentos en los que se han aprovechado grupos de tipo mafioso para adentrarse en Europa. Se caracterizan por sus tradiciones albanesas como la lealtad a la familia y al clan, el respeto absoluto a la palabra dada, y la aplicación de la ley del silencio.

En los casos en los que los miembros de las bandas son acusados de algún delito, se deposita una fianza y se libera a los afectados de la cárcel. Testigos e intérpretes son amenazados e intimidados. La defensa la llevan a cabo caros y reconocidos abogados.

Los grupos delincuentes rusos: Están organizados de forma jerárquica y después de haber consolidado su posición durante los años 80 en Rusia, hoy operan a nivel internacional. Entre sus principales actividades destacan el tráfico de droga, el contrabando de armas, el tráfico de seres humanos, la prostitución, el robo de obras de arte, y el robo de vehículos. Es frecuente que intenten corromper al personal de las aduanas para facilitar sus actividades criminales. Todo indica que el poder conseguido por la mafia siciliana en 50 años, la mafia rusa ha tardado 10 años. Los mafiosos rusos no han crecido en las calles, sino en los pupitres de la Universidad.

El cambio brutal del comunismo al capitalismo ha sido su gran oportunidad para lucrarse ilegalmente. Los objetivos que se había propuesto la Perestroika, en realidad, han sido alcanzados por la "mafiocracia rusa", pero a su manera. La situación ha llegado a tal punto que los líderes políticos rusos la consideran como la principal amenaza a la seguridad nacional.

Las triadas asiáticas: Es la organización criminal más antigua de Asia. La palabra triada viene de triángulo, los tres puntos del triángulo representan el cielo, la tierra y el hombre. Inicialmente, las triadas eran grupos revolucionarios idealistas, pero se convirtieron en importantes empresas criminales entre 1840 y 1912, GONZÁLEZ (2012). Las triadas tienen una estructura más bien informal y no jerárquica. Se dividen en facciones, cada una dirigida por su propio jefe, y no necesitan permiso de la organización madre para planificar y ejecutar sus actividades criminales. Sus principales actividades son el tráfico de droga, la inmigración ilegal, la prostitución, la organización ilegal de juegos y la extorsión.

Las organizaciones criminales chinas, además de las triadas, cuenta con sociedades secretas, bandas de jóvenes, y *tongs*[51]

5.4. El crimen organizado en España

El último informe anual de la Agencia Europea de Policía (EUROPOL)

---

[51] Organizaciones criminales de adultos que se sirven de las bandas de jóvenes para cometer actividades delictivas.

sobre evaluación de la amenaza de la delincuencia organizada (OCTA, 2011) informa sobre la creciente tendencia de los grupos criminales que actúan en Europa a desarrollar múltiples mercados ilícitos a la vez. Esta tendencia se manifiesta especialmente en nuevos mercados emergentes como el fraude de tarjetas de crédito o la falsificación de productos, desarrollados principalmente por los grupos lituanos o albaneses.

A nivel europeo las principales agencias comunitarias encargadas de la lucha contra el crimen organizado son: Europol, Unidad de Cooperación Judicial de la Unión Europea, Escuela Europea de Policía, Agencia Europea para la Gestión de la Cooperación Operativa en las Fronteras Exteriores, Agencia Europea de las Redes de Información, etcétera.

En el eje del sudoeste de Europa, la península Ibérica es la que concentra mayor número de actividades y recursos procedentes del crimen organizado, siendo la puerta de entrada a Europa de no pocas actividades ilegales. Por un lado, el tráfico de cocaína procedente de países americanos, bien directamente desde: Colombia, Perú o Bolivia o a través de países de tránsito como Venezuela o los países caribeños. Por otro lado, el tráfico de hachís procedente del primer productor (Marruecos). Asimismo, España es vía de entrada a Europa para los inmigrantes irregulares que proceden de países del norte y oeste de África como: Marruecos, África Subsahariana, Senegal, Mauritania y Argelia. Finalmente, existe también una actividad ilegal de gran desarrollo en los últimos años en la que nos situamos en una de las rutas internacionales más importantes, nos referimos al robo de vehículos de lujo. Después de la ruta hacia países del Este, la ruta del norte de África es la ruta internacional más activa por la que transitan los vehículos robados en España y otros países europeos hacia los países africanos. Especial atención merece actualmente el cibercrimen, una actividad emergente.

Para Gianfranco Brusaporci el Mediterráneo occidental es la "bisagra" para las organizaciones internacionales de traficantes de drogas. Tanto Marruecos como España son puntos de paso estratégicos entre los diferentes continentes: África, América y Europa. Marruecos es el primer productor de cannabis del mundo. Dada su cercanía geográfica es además el primer suministrador de Europa, que encabeza la lista del consumo mundial. Para una eficaz lucha antidroga será indispensable estructurar una respuesta concertada por los diferentes países del área que deberán apuntar sobre todo hacia una seguridad común y un desarrollo económico de los países de África del norte. Sólo así, Europa podrá asegurar una mayor tutela contra el reforzamiento financiero y militar de grupos islamistas que obtienen del tráfico de droga su fuente de subsistencia.

Las cifras sobre la criminalidad organizada en España en el año 2011 son preocupantes, por ello, el Estado está haciendo grandes esfuerzos operativos y legislativos para disminuir el número de delitos en este ámbito. Según datos recopilados por QUEVEDO (2013) y en el Balance 2010 de la lucha contra la delincuencia organizada y principales ejes de la Estrategia española 2011-2014, en el año 2011 se detectaron 662 grupos mafiosos, que suponen un negocio que mueve ilegalmente más de 25.000 millones de euros al año. Fueron desarticuladas 383 bandas y se descubrieron 433 mafias nuevas, de las cuales a finales de año continuaban activas un 10 por ciento, un punto menos que en 2010 (en este año 6.369 personas fueron detenidas por su relación con la delincuencia organizada). Además, en el año 2010 fueron incautados en España: 1.710 vehículos y embarcaciones; 487 armas de fuego/armas blancas; 367 bienes inmuebles; 12,5 millones de euros y 287.190 euros falsos. Uno de los grandes negocios de los grupos criminales es el tráfico de drogas y el de armas. Las drogas decomisadas a los diferentes grupos fueron: 10.898 kilogramos de cocaína; 95.413 de hachís; 110 de heroína y 190.947 unidades de éxtasis (MDMA).

El informe sobre "Situación del Crimen Organizado en España", elaborado por el Centro de Inteligencia Contra el Crimen Organizado (CICO), dependiente de la Secretaría de Estado de Seguridad y que coordina el trabajo de todos los cuerpos policiales en esa materia recoge los resultados de las operaciones contra el crimen realizadas por la Guardia Civil, Policía Nacional, Mossos d'Esquadra, Ertzaintza y Vigilancia Aduanera. Según datos recogidos hasta 2010, se han intervenido bienes por valor de más de 400 millones de euros, se han incautado de cerca de 60 toneladas de cocaína, 365 de hachís, 732 kilos de heroína y más de 665.000 dosis de éxtasis (Centro de Inteligencia contra el Crimen Organizado, CICO, 2011).

De todos los grupos detectados y desarticulados por la Policía Nacional, Guardia Civil y cuerpos autonómicos, el 65 por ciento estaban compuestos por personas de diversas nacionalidades. El 21 por ciento de esas mafias estaban integradas en su totalidad única y exclusivamente por españoles. En concreto, las nacionalidades principales de los detenidos fueron: españoles, marroquíes, rumanos, colombianos, nigerianos y dominicanos.

El perfil del grupo criminal típico detectado apunta a la "composición multinacional con participación de españoles, con tiempo de actividad inferior a 3 años". Las principales actividades delictivas son: tráfico de cocaína (el 29 por ciento de los grupos), blanqueo de capitales (el 22%), tráfico de hachís (el 19%) y robo con fuerza (el 15%). Otras en menor porcentaje son las defraudaciones, falsificaciones y el tráfico de seres humanos (*ibídem*).

Las provincias españolas con mayor índice de criminalidad fueron Madrid y Barcelona, destacando además el importante índice de criminalidad de la zona levantina (Málaga, Alicante y Valencia) y en la zona del Estrecho (Cádiz).

Para luchar contra estos grupos, en España hay varias unidades policiales especializadas contra la delincuencia organizada (ver figura). Desde 2004, los efectivos de la Policía Nacional y de la Guardia Civil contra el crimen organizado, pertenecientes a las unidades GRECO (Brigada de Coordinación de los Grupos de Respuesta Especializada contra el Crimen Organizado y ECO (Equipos contra el Crimen Organizado) casi se han duplicado, pasando de 3.555 agentes (año 2004) a 6.708 (año 2009). Sin embargo, fuentes no oficiales aseguran que de los primeros se está produciendo su desmantelación en la actualidad, a pesar de que en la estrategia del Gobierno 2010-2014 se hacía hincapié en el refuerzo material y humano de las unidades de inteligencia. Por ejemplo, el Greco Benidorm ha disminuido el número de sus agentes casi a la mitad: de 20 han pasado a 12; el de Marbella, dicen, va a desaparecer. ¿Por qué esta reducción en lugar de potenciar a estos grupos policiales de élite para acabar con la criminalidad? En 2013, diferentes partidos políticos (concretamente, la oposición) denunciaba que la Unidad Especial de Investigación Judicial contra la Corrupción de la Agencia Tributaria de Baleares había sido desmantelada. El trabajo de dicha unidad fue, dijeron, fundamental para investigar casos de corrupción relacionados con el expresidente balear (Jaume MATAS), la exvicepresidenta (María Antonia MUNAR) o el propio yerno del Rey de España (Iñaki URDANGARÍN), imputado en la actualidad. Sean o no por decisiones políticas, el excelente trabajo de estas unidades de élite no es en ningún caso cuestionable.

La Costa Blanca es uno de los lugares preferidos por las bandas organizadas para esconderse. Y es que su geografía urbanística es ideal para los dueños de lo ajeno: urbanizaciones masificadas con miles y miles de viviendas donde los vecinos ni se conocen, "donde la seguridad y el control es más bien escaso", así lo denuncia la Asociación Nueva Coproper (ANC), integrada por Guardias Civiles. Pero no solo es la carencia de medios humanos, también los materiales. Muchas veces el trabajo de las Fuerzas y Cuerpos de Seguridad no tienen su resultado esperado a pesar de arduas y exhaustivas investigaciones durante semanas y meses. Scotland Yard o el propio FBI piden a los ciudadanos su colaboración para encontrar a algún delincuente buscado y para ello utilizan los diversos medios de comunicación para difundir las imágenes de los delincuentes (en el caso de Cleveland lanzaron las imágenes de los sospechosos de las bombas del maratón de Boston). La Policía española es más reacia a estos métodos. Otras entidades, como el caso de la organización Crimenstoppers (organización sin ánimo de lucro que colabora con los gobiernos de diferentes países para la localización de fugitivos británicos en el litoral mediterráneo) lleva algunos años realizando diversas campañas en la Costa Blanca para encontrar a peligrosos delincuentes.

El periódico español de tirada nacional *El Mundo* publicaba que "ni la Audiencia Nacional (órgano judicial que se encarga de las extradiciones) ni la Policía Nacional, conocen el número exacto de criminales extranjeros detenidos en esta región".

4.5. Tipos penales en España (delitos del Código Penal)

En España el delito de asociación ilícita, está tipificado por el artículo 515 del CP. Son punibles las asociaciones ilícitas, teniendo tal consideración:

1º. Las que tengan por objeto cometer algún delito o, después de constituidas, promuevan su comisión, así como las que tengan por objeto cometer o promover la comisión de faltas de forma organizada, coordinada y reiterada.
2º. Sin contenido.
3º. Las que, aun teniendo por objeto un fin lícito, empleen medios violentos o de alteración o control de la personalidad para su consecución.
4º. Las organizaciones de carácter paramilitar.

5º. Las que promuevan la discriminación, el odio o la violencia contra personas, grupos o asociaciones por razón de su ideología, religión o creencias, la pertenencia de sus miembros o de alguno de ellos a una etnia, raza o nación, su sexo, orientación sexual, situación familiar, enfermedad o minusvalía, o inciten a ello.

Las últimas reformas del CP español (principalmente la realizada por la Ley Orgánica 5/2010, de 22 de junio) han reforzado la lucha contra la delincuencia organizada, así son conductas que agravan determinadas figuras penales:

a) Agravación cuando el delito se comete en el seno o al amparo de una organización criminal: (delitos de abusos y agresiones sexuales a menores de trece años, descubrimiento y revelación de secretos, Hacienda Pública y defraudación a la Seguridad Social, Ley de Contrabando).

b) Cuando el sujeto pertenece a una organización o asociación criminal, incluso de carácter transitorio, dedicada a las concretas actividades criminales: (el delito de prostitución de menores o incapaces y el de determinación al ejercicio de la prostitución, el de utilización de menores en espectáculos exhibicionistas o pornográficos y en la elaboración de material pornográfico, delitos contra la propiedad intelectual e industrial, delito de tráfico ilegal o inmigración clandestina de personas y delito de trata de seres humanos).

c) Cuando el sujeto pertenece a una organización criminal: (delito de blanqueo de capitales y delito contra la salud pública).

Entre las importantes novedades introducidas por la reforma operada en el CP por la Ley Orgánica 5/2010, de 22 de junio, tal y como recoge la CIRCULAR 2/11 de la Fiscalía General del Estado sobre la reforma del Código Penal por Ley Orgánica 5/2010 en relación con las Organizaciones y Grupos Criminales, se encuentra la creación de un nuevo Capítulo VI en el Título XXII del Libro II, que comprende los artículos 570 bis, 570 ter y 570 quáter, bajo la rúbrica "De las organizaciones y grupos criminales", y que obedece a la necesidad de articular un instrumento normativo para combatir adecuadamente "todas las formas de criminalidad organizada", y responde a los compromisos derivados de instrumentos internacionales de aproximación de las legislaciones nacionales y de cooperación policial y judicial asumidos por los Estados miembros de la Unión Europea en la lucha contra la llamada delincuencia organizada transfronteriza, tanto en materia de prevención como de represión penal.

4.5.1. El delito de organización criminal y el delito de grupo criminal

En el capítulo VI del Título XXII del Libro II del CP, bajo la rúbrica "De las organizaciones y grupos criminales" se encuentran reguladas estas dos modalidades delictivas:

Artículo 570 bis.

1. Quienes promovieren, constituyeren, organizaren, coordinaren o dirigieren una organización criminal serán castigados con la pena de prisión de cuatro a ocho años si aquélla tuviere por finalidad u objeto la comisión de delitos graves, y con la pena de prisión de tres a seis años en los demás casos; y quienes participaren activamente en la organización, formaren parte de ella o cooperaren económicamente o de cualquier otro modo con la misma serán castigados con las penas de prisión de dos a cinco años si tuviere como fin la comisión de delitos graves, y con la pena de prisión de uno a tres años en los demás casos.

A los efectos de este Código se entiende por organización criminal la agrupación formada por más de dos personas con carácter estable o por tiempo indefinido, que de manera concertada y coordinada se repartan diversas tareas o funciones con el fin de cometer delitos, así como de llevar a cabo la perpetración reiterada de faltas.

A sí mismo, para el delito de grupo criminal el mismo código apunta que:

Artículo 570 ter.

1. Quienes constituyeren, financiaren o integraren un grupo criminal serán castigados:

> **a)** Si la finalidad del grupo es cometer delitos de los mencionados en el apartado 3 del artículo anterior, con la pena de dos a cuatro años de prisión si se trata de uno o más delitos graves y con la de uno a tres años de prisión si se trata de delitos menos graves.

b) Con la pena de seis meses a dos años de prisión si la finalidad del grupo es cometer cualquier otro delito grave.

c) Con la pena de tres meses a un año de prisión cuando se trate de cometer uno o varios delitos menos graves no incluidos en el apartado a) o de la perpetración reiterada de faltas, debiéndose imponer en este último caso la pena en su mitad inferior, salvo que la finalidad del grupo fuera la perpetración reiterada de la falta prevista en el número 1 del artículo 623, en cuyo caso podrá imponerse la pena en toda su extensión.

d) A los efectos de este Código se entiende por grupo criminal la unión de más de dos personas que, sin reunir alguna o algunas de las características de la organización criminal definida en el artículo anterior, tenga por finalidad o por objeto la perpetración concertada de delitos o la comisión concertada y reiterada de faltas.

La Unión Europea tiene a la EUROPOL y está impulsando una plataforma policial europea. En España, existe el Centro de Inteligencia contra el Crimen Organizado (CICO), algunos órganos de la Secretaría de Estado de Seguridad –como el Gabinete de Coordinación y el Gabinete de Estudios de Seguridad Interior (GESI)– y un complejo entramado de sistemas de información (los propios de cada institución, los compartidos entre cuerpos, los paralelos a los de los cuerpos, los diferenciados del ámbito del Ministerio del Interior, las interconexiones entre sistemas propios, las conexiones internacionales, etc.). Más, no se olvide, las estructuras autonómicas (en ocasiones integradas en lo anterior) y locales. Son fácilmente imaginables los problemas que ello origina: ineficiencia, complejidad técnica, dificultad de coordinación, vacíos informativos, formación y actualización costosa, etcétera.

En España se está haciendo un esfuerzo para estandarizar procedimientos entre las Fuerzas de Seguridad del Estado, así como con los organismos del Ministerio del Interior, en sentido genérico, pero apenas alcanza a las instituciones autonómicas. En cuanto a los informes estratégicos, sólo se realiza un informe de situación del crimen organizado, de bastante menos alcance que el de la EUROPOL. Y los canales hacia los *policy makers* son más bien escasos y de carácter esencialmente jerárquico, cargando a las autoridades que deben dirigir y gestionar la seguridad con el peso añadido de las propuestas normativas.

II. CONCLUSIONES

La delincuencia es tan antigua como nuestra existencia, es un problema que afecta a todos los sistemas del mundo. El control de la delincuencia corresponde al Estado, al haber abandonado la justicia privada. El primer problema es que no existe un término único de delincuencia. La policía es la encargada de controlar el delito directamente y detener a los delincuentes.

En los últimos años hemos experimentado nuevas formas de delincuencia a través de las organizaciones criminales. Su sistema jerarquizado, la diversidad de leyes penales y la internacionalización de éstas hace más difícil seguir su rastro. Para ello se están creando convenios de colaboración entre distintos países para erradicar el problema. Las ganancias que obtienen las organizaciones criminales son millonarias. En España existen unidades policiales específicas para luchar contra la criminalidad organizada transnacional y se elabora una memoria de resultados. En los últimos años se ha reformado el Código Penal para dar respuesta a esta nueva forma de delincuencia de forma eficaz.

Toda sociedad sufre el problema de la delincuencia, la cual es variable dependiendo de las normas que establezcan lo que está o no prohibido penalmente. El control legal de la delincuencia es competencia del Estado, pero eliminar el delito es imposible, así que la misión de la Administración, a través de las Fuerzas y Cuerpos de Seguridad, consiste en mantener o mitigar en la medida de lo posible el efecto intimidante que provoca el delito en la sociedad.

Otro problema añadido es que la definición del término delincuencia no es única, existen multitud de definiciones. Por lo tanto, acotar un concepto válido y universal es complejo, debiendo establecerse parámetros que lo limiten y describan en el contexto de la concreta investigación.

La realidad criminal no es la que ofrecen las cifras estadísticas ya que la criminalidad real se compone de delincuencia registrada, real, *cifra negra*, delincuencia desconocida y delincuencia no reconocida.

La delincuencia organizada es uno de los grandes problemas, a nivel internacional, que están presentes en todo el mundo, su poder político, económico y social es capaz de traspasar fronteras con facilidad.

El último informe anual de la Agencia Europea de Policía (EUROPOL) sobre evaluación de la amenaza del crimen organizado (OCTA, 2011) informa sobre la creciente tendencia de los grupos criminales que actúan en Europa a desarrollar múltiples mercados ilícitos a la vez.

España ha adaptado su legislación para hacer frente a la delincuencia organizada transnacional. Entre los tipos penales que castigan estas conductas se encuentra el de asociación ilícita. También estas últimas reformas legislativas (principalmente la realizada por la Ley Orgánica 5/2010, de 22 de junio) agravan determinadas figuras penales relacionadas con el crimen organizado.

Entre estas reformas en relación con las Organizaciones y Grupos Criminales, se encuentra la creación de un nuevo Capítulo VI en el Título XXII del Libro II, que comprende los artículos 570 bis, 570 ter y 570 quáter, bajo la rúbrica "De las organizaciones y grupos criminales", y que obedece a la necesidad de articular un instrumento normativo con el propósito de combatir adecuadamente "todas las formas de criminalidad organizada", y responde asimismo a los compromisos derivados de instrumentos internacionales de aproximación de las legislaciones nacionales y de cooperación policial y judicial asumidos por los Estados miembros de la Unión Europea en la lucha contra la llamada delincuencia organizada transfronteriza, tanto en materia de prevención como de represión penal.

III. BIBLIOGRAFÍA

Anuario Estadístico del Ministerio del Interior - 1998, recuperado de www.interior.gob.es/file/55/55758/55758.pdf

Balance 2010 de la lucha contra el crimen organizado y principales ejes de la Estrategia española 2011-2014, (2011, 09). Ministerio del Interior, Gobierno de España, recuperado de: http://www.interior.gob.es/file/52/52412/52412.pdf

BERNALDO DE QUIRÓS, L. (2002). *Inmigración y delincuencia.* Recuperado de http://www.elcato.org/quiros_inmigracion.htm.

Centro de Inteligencia contra el Crimen Organizado, CICO (2011). Balance 2010 de la lucha contra el crimen organizado y principales ejes de la Estrategia española 2011-2014, (2011, 09) Ministerio del Interior, Gobierno de España, recuperado de: http://www.interior.gob.es/file/52/52412/52412.pdf

Circular 2/2011 de la Fiscalía General del Estado (ESPAÑA) sobre la reforma del Código Penal por Ley Orgánica 5/2010 en relación con las Organizaciones y Grupos Criminales.

GARCÍA ELISA (2001). *Delincuencia de extranjeros, un análisis criminológico.* España: Tirant la Blanch.

GARCÍA P. (1998), *Manual de Criminología.* Madrid: Tirant lo Blanch, p. 76.

GARRIDO, V., STANGELAND, P y REDONDO, S. (2001). *Principios de Criminología*. (28 Ed.). España: Tirant lo Blanch.

GONZÁLEZ ARENAS, A. (2012). *Bandas Latinas, inmigración y delincuencia organizada*. *No publicado*. Recuperado de *Blog de Carris* www.carris.es, 06/02/2012.

La delincuencia organizada y su relación con la Criminologia. (2010, 09). BuenasTareas.com. Recuperado 09, 2010, de http://www.buenastareas.com/ensayos/La-Delincuencia-Organizada-y-Su-Relacion/758711.html

MAROTTA, EMANUELE (1998). La perspectiva de la Unión Europea ante los nuevos retos que plantea el crimen organizado. En *Revista Catalana de Seguretat Pública*, diciembre, (3), 11-19.

MORENO GONZÁLEZ, R. (s.f.) *Enfoque criminológico del crimen organizado*. Recuperado de: http://biblio.juridicas.unam.mx/libros/1/213/11.pdf

OCTA 2011 (2011). *Eu Organised Crime Treta Assessment*. EUROPOL. Recuperado de https://www.europol.europa.eu/content/press/europol-organised-crime-threat-assessment-2011-429

QUEVEDO GÓMEZ, A. (2013). *Crimen organizado en España*. Recuperado de http://criminologiaycriminalisticafb.blogspot.com.es/2013_05_01_a rchive.html, 01/05/2013.

ROLDÁN BARBERO, H. (2004). *Introducción a la investigación criminológica*. Granada: Editorial Comares, p. 1.

RUIZ ORTIZ, S. F. (2010), *Radiografía de la delincuencia en la Región de Murcia*. No publicado. Recuperado de *Blog de Carris* www.carris.es, 13/02/2011.

SOLANA, J. (2004). *A secure Europe in a better world the European Security Strategy Civilian Perspective or Security Strategy?*European Development Policy Confronting New Challenges in Foreign and Security Policy International Conference, Berlín, 23 de noviembre de 2004.

VILORIO DE LA FUENTE. J.C. (1999). *Curso sobre criminalidad organizada*. España: Universidad Europea de Madrid CEES.

REFERENCIAS LEGISLATIVAS

- Constitución Española, 1978.
- Convención de las Naciones Unidas Contra la Delincuencia Organizada Transnacional y sus Protocolos, Naciones Unidas, Nueva York, 2004.

- Ley Orgánica 10/1995, de 23 de noviembre, del Código Penal.
- Ley Orgánica 2/1986, de 13 marzo, de Fuerzas y Cuerpos de Seguridad.
- Real Decreto de 14 de septiembre de 1882, aprobatorio de la Ley de Enjuiciamiento Criminal.

VIII

RAZONES Y FUNDAMENTOS PARA EL ESTUDIO REGIONAL Y TEMPORAL DE LA DELINCUENCIA ORGANIZADA. CASO: EL SECUESTRO EXTORSIVO

OSVALDO A. CUELLO VIDELA[52]
ARGENTINA

I. INTRODUCCIÓN

Así como la psicología es la ciencia de la conducta y los procesos cognitivos, la criminología representa en este sentido la ciencia de la conducta delictiva, con sus variados elementos, esto es: El delito, el delincuente, la víctima y el control social.

Definida como "la ciencia que estudia el comportamiento delictivo y la reacción social frente al mismo" (HASSEMER y MUÑOZ CONDE, citado por GARRIDO *et.al.* 1999), es la criminología hoy en día la ciencia encargada del estudio de este fenómeno en general y cuyo fin no es otro que definir el origen de la conducta criminal (sus causas) para sugerir las medidas de control convenientes que ayuden a mitigar este flagelo social.

Sin embargo, cuando pensamos en organizaciones criminales, no es la criminología una ciencia que estudia al "ser criminal" (los factores de riesgo y el origen de su comportamiento), sino a las agrupaciones de individuos, en un momento y lugar determinados, con relación a los factores sociales, las causas del fenómeno y las relaciones que ello implica, con prescindencia de sus integrantes.

El estudio criminológico entonces, en lo referido a la criminalidad

---

[52] Universidad del Aconcagua.

organizada, no implica en modo alguno una concepción metafísica, ni ninguna especulación sobre el ser humano en tanto que ser, sino que llega al terreno de lo real para referirse a la expresión concreta de grupos estructurados que manifiestan una actividad delictiva preacordada, traducida en actos típicos, antijurídicos, culpables y punibles. Actos que no siempre son producto de impulsos irreprimibles, sino que obedecen a un acuerdo previo, preconcebido, estructurado, organizado y tendiente a un objetivo.

Y aunque los criminólogos deben regirse por los mismos cánones en todos los rincones del planeta y aunque apliquen un mismo método, sus resultados en cada caso necesariamente deben ser específicos, lo mismo que las teorías y soluciones que ellos sugieren. Porque no hay un concepto universal de la delincuencia organizada, porque esa particularidad espacio-temporal que la caracteriza la hace única, aún cuando su estudio se base en los mismos métodos y paradigmas.

En este trabajo se pondrá el acento en el secuestro extorsivo, una de las actividades lucrativa –e ilegales– más recurrida por los grupos criminales organizados hoy en día –junto con el narcotráfico– en Latinoamérica; dada la significación que ello implica desde el punto de vista político y criminal en relación a la vulnerabilidad social que genera esta actividad y en orden a las diferencias observadas en el contexto regional; lo que permitirá ejemplificar de manera concreta cómo influyen las distintas condiciones socio-culturales al hablar de delincuencia organizada y cómo es que a través del tiempo surgen variables significativas en su devenir.

Se consideró relevante describir los casos de Colombia, Venezuela, México y Argentina, que en el contexto Latinoamericano han tenido mayor relevancia por lo menos en las últimas tres décadas, donde el secuestro se ha manifestado con diferentes trazas, precisamente por los diferentes espacios socioculturales en que se desarrolla e inclusive los distintos escenarios políticos.

Junto con ello, precisamente veremos porqué es inconveniente generalizar características o buscar aspectos comunes cuando se pretende luchar contra un tipo de criminalidad que se desarrolla en distintas sociedades, en atención a que existen un sin número de factores que hacen a la individualidad de algunos caracteres propios de la criminalidad organizada.

1. El secuestro en Latinoamérica

a) Venezuela: El secuestro en Venezuela tuvo su origen en bandas perfectamente organizadas y con fines políticos, situación que empezó a agravarse a partir del año 2005 en adelante, en que los secuestros dejaron de ser cometidos por organizaciones criminales y comenzaron a incursionar los delincuentes comunes. Estudios realizados por María A. AÑEZ CASTILLO y Pablo L. HAN CHEN arrojan que el delito de secuestro es un flagelo social que ha experimentado mutaciones en el tiempo. Para los autores de este estudio el delito de secuestro en Venezuela ha cambiado en forma notable sus patrones: "[...] de ser un delito predominantemente político, fronterizo y ejecutado por grupos organizados, ha pasado a ser un objetivo sobre todo económico, urbano, y ejecutado con un fin de lucro por la delincuencia común [...]" (CASTILLO, et. al., 2011: 15).

Esto denota sin dudas un cambio en el perfil de la criminalidad dedicada al plagio de personas, que ahora integran bandas improvisadas que se amparan en la impunidad generalizada, nacida de la falta de medidas por parte del Estado.

Guerrilleros colombianos y policías o expolicías nacionales también forman parte de esas bandas en la actualidad. Según informó el gobierno en 2009: Entre 15% y 20% de los delitos son cometidos por policías, especialmente los más violentos como homicidios y secuestros.

Venezuela es entonces uno de los países que más fluctuaciones ha sufrido en relación a la criminalidad organizada dedicada al secuestro de personas en la última década.

b) Colombia: Colombia es uno de los países donde más estudios hay respecto al secuestro y los secuestradores, aunque lamentablemente el que menos resultados ha obtenido. Y esto posiblemente obedezca a las fluctuaciones de las organizaciones criminales dedicadas a este delito y la falta de capacidad homeostática por parte del Estado para absorber esos cambios en las acciones de lucha contra la delincuencia organizada de acuerdo al carácter de la organización que en un momento dado actúa.

Según Emilio MELUK (1998) el modo como operan varían dependiendo de quien haya realizado el secuestro; es diferente si es llevado a cabo por la delincuencia común, la guerrilla, el narcotráfico o una combinación de estas. El comportamiento general del secuestrador estaría entonces determinado, en parte, por el carácter de la organización a la que pertenece.

Para MELUK, llama la atención en énfasis de las víctimas en calificar siempre a los secuestradores como inmaduros y limitados en su capacidad de discernimiento y toma de decisiones y en considerar que tienen una pobre preparación intelectual. Solo los cerebros o comandantes poseen esa preparación intelectual. Y esto es porque la mayoría de los exsecuestrados estudiados pertenecen a organizaciones guerrilleras, con una formación castrense, disciplinados en cuanto a sus códigos, formas y obediencia, reclutados principalmente para cumplir órdenes y con poca capacidad de decidir por ellos mismo.

Pero también existen en la sociedad actual delincuentes comunes que han percibido un mercado delictivo lucrativo y que paulatinamente adquieren una estructura criminal más avanzada hasta constituirse en organizaciones bien estructuradas, respaldadas muchas veces por la guerrilla y "narcoguerrilla" con quienes terminan relacionándose, y sobre quienes los estudios son menos frecuentes.

d) México: Según estudios del Dr. Abdú BETANCOURT CABRERA (2013), las personas dedicadas a este delito suelen ser personas procedentes de familias disfuncionales, quienes con la intención de aumentar sus economías se involucran en el negocio del secuestro. La actividad inicial de estos delincuentes es el robo en la calle, posteriormente a lugares cerrados y más tarde se da el asalto a vehículos de carga y a conductores, para posteriormente realizar asaltos a bancos y vehículos blindados de traslado de valores, culminando con la comisión del delito de secuestro, es en sí, toda una carrera criminal para llegar a la comisión del secuestro. Afirma también que en muchos sujetos este periodo de aprendizaje se dio en el breve lapso de un año y medio.

Destaca que en México hay tres tipos esenciales de secuestro: *De alto impacto* que perpetran grupos armados o radicales; *relacionados con la delincuencia organizada*: que busca captar recursos para las mafias o cárteles de la droga, y *el secuestro exprés*: Que se hacen para extorsionar, captar dinero con facilidad y por venganzas o motivos pasionales.

En un estudio realizado por la LXI Legislatura del Congreso de la Unión y su Centro de Estudios Sociales y de Opinión Pública (México), denominado *Impacto Social y Características del Delito*, llevado a cabo en 2010 también se determinó que se trata de personas con una edad promedio de 31años; en el 81 % de los casos con tres hijos en promedio y con un trabajo en el mes previo a su detención; el 22 % prestó sus servicios en las fuerzas armadas o en la policía.

Las bandas están integradas, en su mayoría, entre tres y nueve personas, en las cuales es frecuente encontrar vínculos familiares.

Su carrera delictiva marca una espiral creciente de especialización y violencia. Se iniciaron con robo, continuaron con asaltos bancarios o a transportes de valores y continuaron con secuestros.

Esto hace que la mayoría se constituyan en "bandas delictivas" más que en criminales organizados, aunque en muchos casos también las autoridades identificaron la participación de grupos de delincuencia organizada.

d) Argentina: Dentro de nuestro país esta modalidad delictiva surgió a finales de los '90 y tuvo su máxima expresión a partir de los años 2001 a 2004, fecha a partir de la cual se observa una franca disminución, continuando con su tendencia decreciente hasta casi desaparecer en la actualidad (MARCHISINO, 2006).

De acuerdo a los estudios realizados sobre los secuestros ocurridos en la Argentina, se verificaron tres tipos de agrupaciones de secuestradores. Estas son las bandas estructuradas, las semi-estructuradas y las bandas improvisadas.

Las bandas organizadas o estructuradas eran las más pensantes y mostraban un grado de organización más evolucionado. Contaban con fuentes de información para planificar sus golpes; poseían una logística adecuada (armas, vehículos, lugares de confinamiento, medios de comunicación, etc.). Estas bandas planificaban todos los detalles antes de cometer el ilícito, desde el principio hasta la liberación, sabían qué montos de dinero a exigir en una primera etapa, cuánto negociar y cuando podían llegar a cobrar.

A pesar de ser agrupaciones integradas por delincuentes comunes, no se interesaban momentáneamente por otros delitos, ya que el secuestro les resultaba altamente redituable frente a otras modalidades de delitos complejos y delitos menores.

Las bandas semi-estructuradas constituían un término medio entre bandas bien organizadas y las improvisadas. Estas últimas por lo general llevaron a cabo secuestros poco prolongados en el tiempo por falta de una logística adecuada; sus componentes eran en muchos casos adictos a drogas y alcohol; no tenían mucha noción de la mecánica de un secuestro, dónde esconder al plagiado y cómo llevar a cabo la negociación.

En algunos casos se involucraron en estos delitos personas sin antecedentes, favorecidas por una inicial situación de impunidad del delito y la tentación de hacerse con dinero fácil. Muchas veces familiares o allegados a las víctimas se involucraban con elementos del hampa para concretar un secuestro, a sabiendas de la posesión de dinero de la víctima o su familia. La mayoría de los hechos cometidos por estas bandas, estaban caracterizados por un alto riesgo de vida del secuestrado, ya que en muchos casos cometieron homicidios para evitar ser reconocidos por sus víctimas o como simple expresión de violencia sin sentido.

2. El perfil de los secuestradores y las organizaciones

Podría decirse –con algunas reservas– que la mayoría de los secuestradores presentan signos de *neuroticismo*, psicopatía o perversiones psicopáticas o que sus autores intelectuales por lo común tienen cierta capacidad intelectual para llevar a cabo una operación de secuestro. Sin embargo, aunque en general existen algunos puntos de coincidencia respecto del perfil del secuestrador, el perfil varía de acuerdo a cada país. Son su origen y el tipo de organización a la que pertenece la que determina en todos los casos el *modus operandi* con el que éstos actúan.

Esto permite afirmar que el accionar de cada organización delictiva tiene características que las hacen únicas, independientemente del perfil de sus componentes, sobre todo en cuanto a su evolución, organización, fines, peligrosidad, etcétera, es decir, su devenir histórico, aún cuando haya mínimos punto de contacto en los caracteres de sus integrantes.

Es por lo anterior que en las organizaciones delictivas trascienden la existencia de su propios componentes: La desaparición física, la deserción o la captura de algunos de sus miembros, etcétera. Muchas veces tiene poca influencia en la existencia misma de la organización, sobre todo las más complejas, de ahí que tengan vida propia y son aptas para ser estudiadas como una realidad distinta de aquellos y por ende poseen un perfil criminal propio.

Conocer el perfil del secuestrador, no implica en modo alguno conocer a la organización, porque esta siempre tiende al cambio, a evolucionar de manera rápida, pues no tiene una estructura inmóvil, sino que está sometida a ciertas fluctuaciones en función de los estímulos externos. Entendemos entonces la organización criminal como algo más dinámico, capaz de sufrir diversas modificaciones.

3. Las influencias culturales: El contexto regional

Émile DÜRKHEIM en su obra *Las reglas del método sociológico* (1895) afirmaba que el delito es constituyente de lo social.

El Padre de la Sociología moderna, hizo su afirmación en referencia a que en toda sociedad hay delito y que una sociedad sin él es una utopía; porque ello implicaría haber alcanzado un grado de moralización sin precedentes en la historia. Sin embargo partiendo de la base de su enunciado, podemos afirmar también que el delito está ligado no solo a lo social sino también a lo cultural.

Al analizar la criminalidad organizada, vemos que el secuestro es uno de los delitos donde más se pueden observar aquellas diferencias que hicimos referencia respecto a su regionalización, puesto que cada país sufre de manera diferente la industria del secuestro, e incluso dentro de un mismo país existen regiones en donde la actividad criminal se manifiesta de diferentes maneras, sea porque varía la organización delictiva que la ejecuta, o porque existen propósitos distintos, etcétera.

Y esto es así porque la criminalidad organizada no surge aislada del contexto social, sino que además deben considerarse otros factores influyentes, dado que por lo general los delitos de alta complejidad como es el caso de los secuestros, el narcotráfico, la piratería del asfalto, se originan dentro de un caldo de cultivo apto para su desarrollo por fallas estructurales en el control del delito en general, y que facilitan la migración de los delincuentes hacia este tipo de actividades más complejas, y que a su vez les resultan más lucrativas.

Son muchos los aspectos que hacen que la delincuencia organizada en una determinada región tenga particulares características, entre las que podemos mencionar:

- Las diferentes conductas que castigan las leyes penales;
- La cuantía o gravedad de sus penas;
- La validez de una política criminal adoptada respecto de ese delito;
- La eficiencia de los organismos del estado como por ejemplo la justicia y las organizaciones policiales para combatirlo;
- La corrupción en el seno del Estado;
- La prevención generalizada tanto de los estados como de la propia población;
- La situación económica;
- La situación política de una región;
- El conocimiento que se tenga de las organizaciones delictivas;
- Los fines de los delincuentes;
- Las características generales (culturales, sociales y económicas) de la delincuencia, y
- La vulnerabilidad de las potenciales víctimas, etc.

Estas, –desde la criminología se sabe– son sólo algunas de las influencias culturales que hacen que la delincuencia organizada sea distinta según la sociedad en donde se desarrolla.

4. Evolución de la criminalidad organizada: El contexto temporal

Desde finales del siglo pasado, la Argentina llegó a ocupar el quinto lugar en cuanto a cantidad de secuestros extorsivos en Latinoamérica cometidos por delincuentes comunes. Venezuela se encontraba en primer lugar, mientras que Colombia lo era respecto del mismo delito cometido por la guerrilla y narcoguerrilla que durante más de cinco décadas han asolado la región.

Desde principios del 2000, debemos incluir a México en primer lugar, seguido por Honduras, Venezuela y Colombia que ostentaron la triste estadística de ser los países más afectados.

A partir del año 2005 a la actualidad los países con mayores índices de secuestros son México, Perú, Colombia, Venezuela, Nicaragua, Ecuador, Haití, Guatemala, Brasil, Chile, Trinidad y Tobago, Honduras y Paraguay.

En algunos países el secuestro tiene su origen en la guerrilla y narcoguerrilla, en otros fue producto de la aparición de pandillas y delincuencia común, para en principio, pasar a manos de organizaciones delictivas incipientes y luego constituidas en mafias más evolucionadas, y finalmente volver a trasladarse en su ejecución al nivel de delincuentes comunes amparados en la impunidad y la corrupción policial.

Lo anterior se debe principalmente a que las organizaciones delictivas fluctúan en base a su desarrollo; se regeneran y evolucionan a través del tiempo como un organismo autopoiético. En este sentido lo describen MATURANA y VARELA (1980:78) al referirse a ellos como:

> Una máquina organizada (definida como una unidad) con una red de procesos de producción (transformación y destrucción) de componentes que a través de sus interacciones y transformaciones continuamente regeneran y realizan la red de procesos que los han producido, y la constituyen como una unidad concreta en el espacio en el que ellos existen [...].

No cabe duda hoy en día que las organizaciones criminales, lejos están de permanecer estáticas en el tiempo, sino que como un organismo vivo, nacen, se desarrollan, evolucionan, crecen y a veces desaparecen como tales, más allá de la existencia física de sus componentes. Y esto cobra particular relevancia cuando se trata de realizar estudios criminológicos, porque es esta evolución la que torna a los mismos perecederos.

El contexto temporal y la evolución de las organizaciones tornan el análisis criminal una actividad permanente, como del mismo modo deben fluir soluciones específicas para un momento dado, para no quedar anquilosadas en esquemas operativos que al poco tiempo quedan perimidos e inoperantes en cuanto al control social del delito se refiere.

5. Necesidad de estudios Temporo-Espaciales específicos

El criminólogo de campo, aquel que estudia la conducta delictiva al penetrar en el mundo social, debe asumir que siempre estará haciendo nuevos descubrimientos producto de las variables condiciones sociales de un determinado momento.

Mientras que el estudioso de física o de otras ciencias cuentan con el respaldo de leyes universales, el criminólogo al igual que el sociólogo sólo cuenta con un método que lo llevará a resultados particulares para cada espectro social en un momento dado. Sin embargo basta con escudriñar los trabajos de muchos criminólogos para ver de qué manera se pretende universalizar las características de la delincuencia organizada con la formulación de teorías acerca del comportamiento delictivo, como si este fuera una ley física que se cumple de manera universal. Estas teorías, sin dudas, lejos de reflejar la realidad social de estas organizaciones (que además se agota rápidamente con el paso del tiempo), ponen de manifiesto a veces la idea preconcebida que su autor tenía de ellas antes de ponerse a investigar.

Es suficiente el paso del tiempo para ver cómo la realidad criminal cambia; es suficiente recorrer unos pocos kilómetros para comprobar que el delito tiene esas fluctuaciones propias de cada sociedad.

El estudio de la criminalidad y las organizaciones delictivas no se agota en un único diagnóstico, puesto que hemos dicho que el delito cambia según el paso del tiempo, un diagnóstico acertado y que motive medidas de control social eficientes, producirá invariablemente cambios en la conducta criminal.

Para GARRIDO (1999) la delincuencia es también, a la vez que realidad, un fenómeno en cierto grado construido a partir de la reacción social de rechazo que suscita entre la ciudadanía. Es verdad –y obvio– que esa reacción social (representada en su aspecto formal por las acciones del Estado) producirá cambios en la delincuencia que busca eludirla.

¿Es válido entonces proseguir con las mismas teorías formuladas a partir del primer diagnóstico que las motivó? No. Puesto que si el estudio criminológico y la aplicación de medidas de control social produjeron cambios, ese diagnostico ha perdido vigencia. La realidad criminal es distinta de acuerdo a entorno en que se desarrolla actualmente.

Los estudios sobre criminalidad organizada siempre son específicos, exhaustivos y excluyentes; son específicos porque no pueden ser aplicados por analogía a otras circunstancias similares; son exhaustivos porque no habrá ningún otro estudio que pueda ser aplicado a dicha realidad, y son excluyentes porque sólo abarcan la realidad estudiada.

Por eso es que las investigaciones criminológicas también son temporales; por eso es que el criminólogo emite sus juicios sobre una certeza incierta, dado que de ella deviene una nueva incertidumbre producto de la evolución social, y como el delito es parte de lo social, su evolución hace que esa certeza solo sea temporal.

III. CONCLUSIÓNES

No caben dudas que al decir de DÜRKHEIM el delito es constituyente de lo social, pero también tiene en sí un ingrediente cultural que lo hace único y particular de cada comunidad en donde se desarrolla, como ocurre con este tipo de delito y otros de alta visibilidad llevados a cabo por las organizaciones delictivas contemporáneas.

De este modo, la planificación de la lucha contra la delincuencia organizada, muchas veces basadas en estudios extemporáneos –de una realidad social remota o próxima, pero distinta– o por aplicación de estudios llevados a cabo en otros países y regiones, ha permitido que dichas organizaciones permanezcan por mucho tiempo sin sufrir perturbaciones.

La carencia de estudios regionales, actualizados, propios de cada idiosincrasia impiden muchas veces establecer un diagnóstico apropiado para generar medidas que permitan a los Estados luchar contra este flagelo.

Orientar los estudios criminológicos no sólo al delincuente en particular (al sujeto individual, al "ser criminal"), sino a las organizaciones criminales como entes individuales, como fenómenos sociales distintos de aquellos que las conforman, y a su vez asociar a la criminología (además de la sociología y la psicología) la inteligencia y el análisis criminal, constituyen el desafío emergente e ineludible para comprender como evolucionan estos "entes delictivos". Lo anterior permitirá conocer su devenir y poder proponer medidas de control formal y prevención.

Hoy es fundamental para los organismos estatales orientar las políticas de lucha contra la criminalidad organizada en base a estudios locales y actuales, y evitar con esto, medidas erráticas que muchas veces implican un gran esfuerzo con pocos resultados.

Es importante que los criminólogos e investigadores asuman como propio el compromiso de abordar estudios de casos, ajustados a la realidad social de cada región y a partir de allí identificar la necesidad de generar "estrategias propias" (porque el delito es propio de cada cultura).

Esto denota también lo inconveniente de pensar (como sucede en algunos países) que todas las organizaciones criminales dedicadas al secuestro son iguales, lo que puede significar serios inconvenientes cuando se planean políticas de lucha contra este flagelo, sobre todo si se cae en la idea generalizada de fundarlas en estudios realizados por prominentes estudiosos, pero que han sido elaborados siguiendo aspectos singulares de otra región.

La criminalidad organizada sólo puede ser estudiada en un momento y lugar determinados, sabiendo además que sus características comprende el conocimiento de cómo funcionan y evolucionan las organizaciones como tales, más allá de la personalidad de sus integrantes.

La historia de la ciencia, como la de todas las ideas humanas, es una historia de sueños irresponsables, de obstinaciones y errores. Sin embargo, la ciencia es una de las pocas actividades humanas -quizá la única- en la cual los errores son criticados sistemáticamente y muy a menudo, con el tiempo, corregidos...

Karl POPPER.

BIBLIOGRAFÍA

CASTILLO, M. y HAN CHEN, P. (2010). "Metamorfosis del delito de secuestro en el Estado de Zulia, Venezuela". En. *Crim.* Número 2 (diciembre). Bogotá DC. Colombia.

BETANCOURT, A. (2013). *Modus Opeandi: El secuestrador, perfil psicológico*. Recuperado de: http://abdubetancourt.wordpress.com/2013/04/04/el-secuestrador-perfil-criminologico/

DURKHEIM, E. (1982). *Las reglas del método sociológico.* (Título original: Les regles de la methode sociologique 1895) 3ra Ed. sobre la 18° francesa. Argentina: Ediciones Morata SA.

GARRIDO, V., STANGELAND, P. y REDONDO S. (1999). *Principios de criminología.* España: Tirant lo Blanch.

LXI Legislatura, Cámara de Diputados (2010). *Secuestro: Impacto social y características del delito.* Centro de Estudios Sociales y de Opinión Pública, México.

MARCHISINO, A. (2006). *El secuestro extorsivo en la República Argentina magnitud del fenómeno y estrategias de persecución penal en el contexto local y regional.* Uruguay: Investigación de la Procuración General de la Nación dirigida por Adrián Marchisio. Fundación Konrad-Adenauer.

MATURANA H. y VARELA F (1980). *Autopoiésis y cognición.* Holanda: Dordrecht. 78.

MELUK, E. (2006). *El secuestro: Una muerte suspendida.* Bogotá: Unidades Colombia.

NOTICIAS24/VENEZUELA: *Los secuestros en Venezuela, un delito lucrativo y a menudo impune.* Publicado el 11 de Noviembre de 2011. Consultado en http://www.noticias24.com/venezuela/noticia/21579/los-secuestros-en-venezuela-un-delito-lucrativo-y-muy-a-menudo-impune/ (10-11-2012).

IX

MARCO JURÍDICO SOBRE LA DELINCUENCIA ORGANIZADA EN MÉXICO

MANUEL ALEJANDRO VAZQUEZ FLORES
MÉXICO

1. INTRODUCCIÓN

La Delincuencia Organizada ha se logró filtrar o infiltrarse prácticamente a todos los niveles de gobierno así como de la sociedad en nuestro País y en el mundo, en la primera mención, corrompiendo a servidores públicos, policías, autoridades federales, estatales y municipales mediante sobornos. Esto llegó a socavar el Estado de Derecho y el cumplimiento de las leyes perjudicando la cohesión social y el crecimiento económico de la población más pobre; así mismo, paulatinamente atrae a más personas a sus organizaciones bajo la falsa promesa de riqueza y poder. Desafortunadamente se ha generado un sentimiento de "normalidad" ante su presencia en nuestra sociedad, favoreciendo el funcionamiento y operación de este tipo de negocios ilegales (CERVANTES, 2005).

La delincuencia organizada ha logrado no sólo contener los esfuerzos del Estado por controlarla, sino que además tiene la capacidad de atacar al mismo Estado y sus Instituciones (BRUCCET, 2004).

El ingreso a este tipo de organizaciones es sumamente restringido y la mayoría de las veces implica "rituales de iniciación" y el cabal cumplimiento de códigos secretos e incluso hasta de "ética" que las regulan; en otras, el proceso de aceptación implica pertenecer a una determinada "familia", "raza" o "procedencia". Todos estos mecanismos permiten a las organizaciones criminales perdurar más allá de cualquiera de los individuos involucrados (CERVANTES, 2005).

Estas corporaciones criminales tienen como propósito la obtención del dinero "fácil" y lograr beneficios económicos de alto impacto y en corto plazo mediante cualquier medio. Ofrecen productos y servicios ilegales que la población demanda, como son: drogas, armas, piratería, robo de auto partes, prostitución o trata de personas, tráfico de órganos y en los peores casos mercadean con la vida y seguridad de terceros, como es en el caso de los secuestros (*Ibídem*).

2. Semblanza de los instrumentos jurídicos internacionales sobre delincuencia organizada

La comunidad internacional ha reaccionado en materia legislativa ante el fenómeno de la delincuencia organizada, múltiples instrumentos jurídicos se han creado en todo el mundo los países acuerdan acatarlos. México forma parte de dichos tratados, pues al igual que el resto de América Latina, se caracteriza por sufrir un incremento notable en los índices de violencia y criminalidad organizada, esto debido a su acelerado crecimiento y políticas de prevención que no han sido adecuadas para contrarrestar este tipo de criminalidad (Centro de investigaciones en Ciencias Sociales, *cit post*, LÓPEZ, 2006).

En materia de Delincuencia Organizada encontramos como Instrumento Internacional, la Convención de las Naciones Unidas contra la Delincuencia Organizada Transnacional, conocida como Convención de Palermo, con entrada en vigor internacional el 29 de Septiembre de 2003, ratificado por México el 4 de Marzo de 2003, entrando en vigor para nuestro País el día 29 de Septiembre de 2003, y publicado en el Diario Oficial de la Federación el día 11 de Abril de 2003, en el que sobresalen para efecto de este estudio los siguientes aspectos:

Al ratificar la Convención, el Gobierno de México formuló las declaraciones interpretativas siguientes, en virtud de los Artículos 5 (3), 16 (5) (a), 18 (13) y 18 (14):

- *Artículo 5(3).-* Los Estados Unidos Mexicanos desea precisar que el derecho interno del Estado mexicano comprende todos los delitos graves que entrañan la participación de un grupo delictivo organizado en la penalización de los delitos tipificados con arreglo en el artículo 5, párrafo 1, apartado a), inciso i). La penalización del acuerdo con una o más personas para cometer un delito grave con un propósito que guarde relación directa o indirecta con la obtención de un beneficio económico u otro beneficio de orden material, entraña la participación de un grupo delictivo organizado en el delito de la delincuencia organizada previsto en el artículo 2 de la Ley Federal Contra la Delincuencia Organizada, por cuanto hace a los delitos que el mismo artículo se refiere. El delito de asociación delictuosa, previsto en el artículo 164 del Código Penal Federal, resulta aplicable por cuanto hace al resto de los delitos graves a que se refiere la Convención.

- *Artículo 16(5) (a)*.- El Estado mexicano considerará la Convención como la base jurídica de la cooperación en materia de extradición, respecto de aquellos Estados Parte con los que no tenga celebrados tratados en la materia.

- *Artículo 18(13)*.- Se designa como autoridad central en materia de asistencia judicial recíproca, a la Procuraduría General de la República.

- *Artículo 18(14)*.- Para el caso de solicitudes de asistencia judicial, éstas deberán ser presentadas en idioma español. Las solicitudes también podrán ser presentadas en el idioma del Estado requirente, siempre y cuando vayan acompañadas de una traducción al español.

Asimismo, la Convención cuenta con los Protocolos siguientes, que están en vigor y de los que México forma Parte:

- Protocolo contra el Tráfico Ilícito de Migrantes por Tierra, Mar y Aire, que Complementa la Convención, que está en vigor; Protocolo para Prevenir, Reprimir y Sancionar la Trata de Personas, especialmente Mujeres y Niños, que Complementa la Convención que está en vigor.

- Protocolo para Prevenir, Reprimir y Sancionar la Trata de Personas, Especialmente Mujeres y Niños, que Complementa la Convención de las Naciones Unidas Contra la Delincuencia Organizada Transnacional, adoptado en Nueva York, el 15 de noviembre de 2000.

- Protocolo contra la Fabricación y el Tráfico Ilícitos de Armas de Fuego, sus Piezas y Componentes y Municiones que Complementa la Convención de las Naciones Unidas contra la

Delincuencia Organizada Transnacional, adoptado en Nueva York, el 31 de mayo de 2001.

3. Antecedentes y marco jurídico actual en materia de delincuencia organizada en México

Con respecto a México, esta ola de criminalidad comienza desde el sexenio de Miguel de la Madrid, con el neoliberalismo y la globalización; ésta mal llamada "modernidad" ha provocado la proliferación de organizaciones criminales en que ninguna Nación escapa, y en especial en América Latina. En el mundo civilizado, los pueblos cuentan con una serie de adelantos técnicos, científicos de tal magnitud que les permiten llevar a cabo una serie de operaciones o transacciones al instante de un continente a otro; dicha modernidad ha provocado la proliferación de organizaciones criminales a gran escala.

En todo este procedimiento no debemos olvidar la relación de los agentes, autoridades judiciales, autoridades hacendarias y políticos que otorgan protección a los delincuentes. La desgracia es que nunca son aprehendidos los autores intelectuales o los grandes capos.

La obra de Manuel CARRÓN TIZAÑO (2001) es una denuncia total, con nombres y apellidos; que a través de muchos años se llegó a formar parte de reglas no escritas. Menciona los sexenios de: Miguel DE LA MADRID, Carlos SALINAS DE GORTARI y Ernesto ZEDILLO PONCE DE LEÓN. Es en esta época, cuando la voluntad soberana del pueblo o democracia se vio seriamente enrarecida por la estructura de la criminalidad organizada. El autor en comento, es muy claro al descifrar la cruda realidad que demuestra el origen de las organizaciones criminales y hace referencia a tres clases de personas con intereses comunes: políticos, hombres de negocios y los denominados "gángsters".

En esos tres sexenios, el amasamiento de grandes fortunas de los criminales no se hizo esperar, fortunas en unas cuantas manos a cambio de la extrema pobreza del pueblo mexicano, señalándose que en sus gabinetes existían personajes vinculados al narcotráfico.

Ahora las organizaciones criminales son empresas de carácter ilícito con tentáculos en diversos sectores de la economía, alcanzando incluso a las autoridades encargadas de la procuración y administración de justicia; así como también, por supuesto, a la clase política.

Sigue denunciando TIZAÑO que los valores entendidos entre los grandes capos y las autoridades policiacas, aduanales, militares, gobernadores, hasta llegar incluso a los jefes de Estado, demuestra la descomposición del tejido político del país. Los problemas que ocasionan las mafias son su alcance a los códigos no escritos; es decir, son siniestras corporaciones fantasma que actúan en la clandestinidad para hacer sentir su ilegítimo poder.

Ahora bien, la Ley Federal contra la Delincuencia Organizada publicada en el Diario Oficial de la Federación el 7 de Noviembre de 1996 tiene por objeto "establecer reglas para la investigación, persecución, procesamiento, sanción y ejecución de las penas, por los delitos cometidos por algún miembro de la delincuencia organizada"

De acuerdo con dicha ley y con su artículo 2, debe entenderse como delincuencia organizada el acto de que cuando tres o más personas se organicen para realizar, en forma permanente o reiterada, conductas que por sí o unidas a otras, y que se obtenga como fin o resultado la comisión de alguno o algunos de los delitos que también se enlistan en este artículo y que son los que a continuación se definen:

Terrorismo: Previsto en los artículos 139 a 139 Ter y terrorismo internacional previsto en los artículos 148 Bis al 148 Quáter; *Contra la salud*: Previsto en los artículos 194 y 195, párrafo primero; *Falsificación o alteración de moneda*: Previstos en los artículos 234, 236 y 237; el previsto en la fracción IV del artículo 368 Quáter en materia de hidrocarburos; *Operaciones con recursos de procedencia ilícita*: Previsto en el artículo 400 Bis; y el previsto en el artículo 424 Bis, todos del Código Penal Federal; *Acopio y tráfico de armas*: Previstos en los artículos 83 Bis y 84 de la Ley Federal de Armas de Fuego y Explosivos; *Tráfico de indocumentados*: Previsto en el artículo 159 de la Ley de Migración; *Tráfico de órganos*: Previsto en los artículos 461, 462 y 462 bis de la Ley General de Salud; *Corrupción de personas menores de dieciocho años de edad o de personas que no tienen capacidad para comprender el significado del hecho o de personas que no tienen capacidad para resistirlo*: Previsto en el artículo 201; *Pornografía de personas menores de dieciocho años de edad o de personas que no tienen capacidad para comprender el significado del hecho o de personas que no tienen capacidad para resistirlo*: Previsto en el artículo 202; *Turismo sexual en contra de personas menores de dieciocho años de edad o de personas que no tienen capacidad para comprender el significado del hecho o de personas que no tiene capacidad para resistirlo*: Previsto en los artículos 203 y 203 Bis; *Lenocinio de personas menores de dieciocho años de edad o de personas que no tienen capacidad para comprender el significado del hecho o de personas que no tienen capacidad para resistirlo*: Previsto en el artículo 204; *Asalto*: Previsto en los artículos 286 y 287; *Tráfico de menores o personas que no tienen capacidad para comprender el significado del hecho*: Previsto en el artículo 366

Ter, y *Robo de vehículos*: Previsto en los artículos 376 Bis y 377 del Código Penal Federal, o en las disposiciones correspondientes de las legislaciones penales estatales o del Distrito Federal

Delitos en materia de trata de personas, previstos y sancionados en el Título Segundo de la Ley General para Combatir y Erradicar los Delitos en Materia de Trata de Personas y para la Protección y Asistencia a las Víctimas de estos Delitos, excepto en el caso de los artículos 32, 33 y 34 y sus respectivas tentativas punibles.

Las conductas previstas en los artículos 9, 10, 11, 17 y 18 de la Ley General para Prevenir y Sancionar los Delitos en Materia de Secuestro, Reglamentaria de la fracción XXI del artículo 73 de la Constitución Política de los Estados Unidos Mexicanos.

4. CONCLUSIONES

Las organizaciones criminales o mejor dicho, la delincuencia organizada, utilizan la intimidación de víctimas y testigos para evitar ser denunciados o para que no declaren en su contra. Si a esto se le suma la ineptitud e ineficiencia del sistema judicial que por incapacidad o por corrupción no cumplen, la ilegalidad se afianza y prevalece, dejándose de observar, en consecuencia y a todas luces el marco jurídico en la materia, mismo que ya ha quedado debidamente precisado en este análisis. Así, cuando los ciudadanos se acostumbran a no denunciar y a observar que la impunidad predomina, se pierde el respeto por el Estado de Derecho y cunde la idea de que si algunos están por encima de la ley, los demás también podemos desobedecerla.

Por lo tanto, se colige que la delincuencia organizada hoy por hoy, como se manifestó anteriormente, no sólo acumula poder económico y político, sino que gradualmente el Estado de Derecho desaparece y con el la capacidad del gobierno y sociedad civil para organizarse. Sin lugar a dudas, la protección a los derechos humanos y fundamentales, las libertades, la propiedad privada y pública quedan totalmente desamparadas por el Estado de Derecho.

5. BIBLIOGRAFÍA Y LEGISLACIÓN CONSULTADA

BRUCCET, L. (2007). *El crimen Organizado*. México: Porrúa.
CARRIÓN, M. (2001). *El secuestro en México*. México: Porrúa.
LÓPEZ, J. (2006). *Criminología*. México: INACIPE.
CERVANTES, L. (2005). *Imposición de la pena de muerte como medida punitiva para los delitos graves con reincidencia, específicamente en el secuestro*. México: Tesis de grado presentada en la

Universidad de las Américas Puebla. Recuperado de: http://catarina.udlap.mx/u_dl_a/tales/documentos/ledf/cervantes_r_l /portada.html

- Constitución Política de los Estados Unidos Mexicanos.
- Código Penal Federal.
- Convención de las Naciones Unidas Contra la Delincuencia Organizada Transnacional.
- Ley Federal Contra la Delincuencia Organizada.
- Ley General de Salud.
- Ley General para Prevenir y Sancionar los Delitos en Materia de Secuestro
- Ley General para Combatir y Erradicar los Delitos en Materia de Trata de Personas y para la Protección y Asistencia a las Víctimas de estos Delitos.
- Ley Federal de Armas de Fuego y Explosivos.
- Protocolo contra el Tráfico Ilícito de Migrantes por Tierra, Mar y Aire.
- Protocolo para Prevenir, Reprimir y Sancionar la Trata de Personas, especialmente Mujeres y Niños.
- Protocolo contra la Fabricación y el Tráfico Ilícitos de Armas de Fuego, sus Piezas y Componentes y Municiones.

NOTAS SOBRE LOS AUTORES

JUAN JOSÉ MARTÍNEZ BOLAÑOS [coordinador] (México): Licenciado en Criminología por la Universidad Autónoma de Tamaulipas; egresado de la Maestría en Criminología y Ciencias Forenses (becado por el Consejo Nacional de Ciencia y Tecnología); doctor *honirs causa* por la Sociedad Mexicana de Criminología capítulo Nuevo León (SOMECRIMNL). Es director para América Latina en Grupo Criminología y Justicia; colaborador académico en la Universidad Von Humboldt; coordinador de proyectos para gobierno en la SOMECRIMNL; director del diario digital *Criminología y Justicia México* y consejero académico de la Soiedad Científica de Justicia Restaurativa (España). Ha sido conferencista en congresos nacionales e internacionales, autor de diversos artículos en revistas especializadas y columnista de opinión en diarios y revistas nacionales.

KARLA VILLARREAL SOTELO (México): Licenciada en Criminología y maestra en Criminología y Ciencias Forenses por la Universidad Autónoma de Tamaulipas (UAT); doctora en Criminología por la Universidad Pablo de Olavide; jefa del Departamento de Posgrado e Investigación de la UAT y Coordinadora de la Maestria en Criminologia y Ciencias Forenses en la misma universidad (dentro del Programa de Posgrados de Calidad del CONACYT); miembro del Sistema Nacional de Investigadores (SNI) del CONACYT. Autora del libro *Principios de victimología* (Ed. Oxford). Es conferencista en congresos nacionales e internacionales, y autora de diversos artículos en revistas especializadas.

JOSÉ ARIEL RETANA CANTÚ (México): Licenciado en Ciencias Jurídicas por la Universidad Autónoma de Nuevo León; maestro en Ciencias Penales, y maestro en Criminología y Ciencias Forenses por la Universidad Autónoma de Tamaulipas (UAT). Ex Juez Calificador en la Inspección de la Policía Municipal de Reynosa, Tamaulipas (México); Ministerio Público y Supervisor de las Agencias del Ministerio Público en la Zona Norte del Estado de la Procuraduría General de Justicia del Estado de Tamaulipas. Profesor de Tiempo Completo con perfil PROMEP vigente en la UAT; miembro del Cuerpo Académico de Criminología; profesor fundador de la Licenciatura en Criminología en 1994 en la Unidad Académica Multidisciplinaria

Reynosa Aztlán (UAMRA). Es conferencista en congresos nacionales e internacionales, y autor de diversos artículos en revistas especializadas.

JOSEPH EMERSON CCAZA ZAPANA (Perú): Licenciado en Literatura y Lingüística; egresado de la Maestría en Peritación Criminalística y Bachiller en Derecho por la Universidad Nacional de San Agustín; actualmente es discente en la carrera profesional de Psicología en la misma casa superior de estudios. El Autor ha publicado los siguientes textos: *Criminalística y Derecho Probatorio en materia penal* (Editorial Cromeo); *Criminalística y Derecho Probatorio en materia penal* (Flores Editor); *Diccionario elemental de criminalística, criminología y ciencias forenses* (Flores Editor).

PATRICIA ANDREA TAUS (Argentina): Licenciada en Derecho con orientación en Derecho Penal, y licenciada en Ciencia Política con orientación en Relaciones Internacionales, ambos grados obtenidos en la Universidad de Buenos Aires, Facultad de Derecho y Ciencias Sociales. Obtuvo el Diploma de Honor otorgado por la misma universidad. Ha cursado diversos diplomados como el de *Advanced Studies Diploma Program in Human Rights and International Humanitarian Law* en American University Washington College Of Law And Netherlands Institute Of Human Rights, y el *Theory and tools of the Harvard Negotiation Project* en Harvard Faculty Club, Cambridge, Massachusetts, USA. Se ha desempeñado como consultora en el Programa de las Naciones Unidas para el Desarrollo. Es conferencista en congresos nacionales e internacionales, y autor de diversos artículos en revistas especializadas.

WAEL HIKAL (México): Licenciado en Criminología y maestro en Trabajo Social (exbecario CONACYT) por la Universidad Autónoma de Nuevo León; doctorado por causa de honor otorgado por la Sociedad Mexicana de Criminología capítulo Nuevo León (SOMECRIMNL) y Doctor *honoris causa* por el Instituto Mexicano de Victimología. Fué Fundador-director de la revista *Archivos de Criminología, Criminalística y Seguridad Privada* y de *Wikipedia Criminológica. La enciclopedia de Criminología y Criminalística.* Autor de diferentes artículos y libros en editoriales especializadas como *Introducción al estudio de la Criminología* (Ed. Porrúa) y *Metodología y técnicas de investigación criminológica* (Ed. Porrúa) entre otras. Ex presidente-fundador de la SOMECRIMNL.

DOTTORE ROBERTO MUSOTTO (Italia): Research assistant en Economia Política por la Università degli Studi di Palermo; abogado practicante en Palermo y Notario practicante en Mazara del Vallo. Especialista en temas de economía y criminalidad; ha realizado estudios sobre delincuencia organizada en México, es conferencista en congresos académicos y autor de diversos artículos en revistas especializadas.

ISRAEL ESTRADA CAMACHO (México): Licenciado en Biología por la Universidad Nacional Autónoma de México (UNAM); perito en Biología Forense por el Instituto Nacional de Ciencias Penales (INACIPE); maestro en Criminología y Ciencias Forenses por la Universidad Autónoma de Tamaulipas (UAT) y diplomado en Sistema Penal Acusatorio Adversarial (INACIPE). Autor de diversos artículos científicos y coautor del libro *Los derechos de la naturaleza.* Conferencista en congresos académicos nacionales e internacionales. Perito Profesional activo en Materia de Delitos Ambientales en la Dirección General de Coordinación de Servicios Periciales de la Procuraduría General de la República (PGR).

JUAN ANTONIO CARRERA ESPALLARDO (España): Licenciado en Criminólogía, Licenciado en Periodismo y Maestro Oficial en Ciencias Forenses por la Universidad de Murcia. Es policía víal ativo en Esáña en el departamento de Investigación de Siniestros Viales y Delitos contra la Seguridad Vial. Es autor del libro *Cien verdades y una mentira* (Ed. Circulo Rojo) y de *Aspectos criminológicos aplicados a la seguridad vial* (Ed. Criminología y Justicia). Ha sido conferencista en congresos nacionales e internacionales, y autor de diversos artículos en revistas especializadas.

OSVALDO A. CUELLO VIDELA (Argentina): Licenciado en Criminalística por la Universidad del Aconcagua y doctor *honoris causa* por la Sociedad Mexicana de Criminología capítulo Nuevo León. Es Profesor titular de la materia Mediación y Negociación con Rehenes en la licenciatura en Seguridad Ciudadana y profesor de Criminología en la licenciatura en Criminalística en la Universidad del Aconcagua; director editorial de la *Revista Digital de Criminología y Seguridad TEMA'S.* Es conferencista en congresos nacionales e internacionales, y autor de diversos artículos en revistas especializadas.

MANUEL ALEJANDRO VÁZQUEZ FLORES (México): Licenciado en Derecho por la Universidad Nacional Autónoma de México (UNAM); maestro en Derecho Procesal Constitucional por el Instituto Nacional de Desarrollo Jurídico, y doctor *honoris causa* por la Sociedad Mexicana de Criminología capítulo Nuevo León. Fue delegado de Partido en la Asamblea Nacional Constitutiva en el Partido Político Nacional Convergencia por la Democracia y en el Partido Político Nacional Fuerza Ciudadana fungió como Candidato a Diputado Federal. Es catedrático en la UNAM, conferencista en congresos académicos, y autor de diversos artículos en revistas especializadas.

El libro *Criminalidad Organizada: Estudios Internacionales*, se terminó de editar el 25 de diciembre de 2013, publicándose el 21 de enero del 2014, y poniéndose a comercialización en formato digital y en impresión bajo demanda en Amazon. com (México y España), Criminólogos.eu y Crimibooks.com.

www.ingramcontent.com/pod-product-compliance
Lightning Source LLC
Chambersburg PA
CBHW070423290526
45791CB00005B/1818